reinhardt

Dominik Heitz

Stadtjäger

Ein Spaziergang zu Basels versteckten Besonderheiten

Friedrich Reinhardt Verlag

Alle Rechte vorbehalten
© 2017 Friedrich Reinhardt Verlag, Basel
Projektleitung: Claudia Leuppi
Covergestaltung: Nino Angiuli
Layout: Tanja Devald, Stefan Escher
Karten S. 6/7, S. 96/97: Geodaten des Kantons
Basel-Stadt, 29. Mai 2017
ISBN 978-3-7245-2218-8
Der Friedrich Reinhardt Verlag wird vom
Bundesamt für Kultur mit einem Strukturbeitrag
für die Jahre 2016–2020 unterstützt.

www.reinhardt.ch

Vorwort

In der grossen Übersicht sind Städte schnell erfasst. Besucher lokalisieren Strassen, Plätze und markante Bauten über einen Stadtplan und gehen ihnen zielstrebig nach. Die Einheimischen wiederum sind mit ihrer Stadt dermassen vertraut, dass sie ihre eigenen «Trampelpfade» haben und für gewöhnlich weder gross nach links noch nach rechts und nach oben gucken. Dabei gäbe es vieles zu entdecken. Und wenn man denn einmal etwas entdecken sollte, weiss man meistens nicht, was es bedeutet. Seit mehreren Jahren lenkt die Rubrik «Stadtjäger» der «Basler Zeitung» den Blick auf Kostbarkeiten und Kuriositäten im Basler Stadtbild, die der eilige Passant gerne übersieht. Was hat es mit dem goldenen Wolf an der Fassade des Hauses Spalenberg 22 auf sich? Weshalb befindet sich in der Freien Strasse 36 das Relief eines Kardinalshuts? Und was soll der Steinstumpf am Basler Münster, rechts neben der Galluspforte? Seien es Details an Häusern, in Gassen oder auf Plätzen – stets handelt es sich um überraschende Kleinigkeiten, die stadt-, kunst- und kulturhistorisch bemerkenswert sind. Die hier gesammelten Texte ermöglichen Einheimischen wie Besuchern einen Spaziergang zu Basels versteckten Besonderheiten, einen aussergewöhnlichen Rundgang mit wunderbaren Einsichten in die Geschichte und Eigenheiten unserer Stadt.

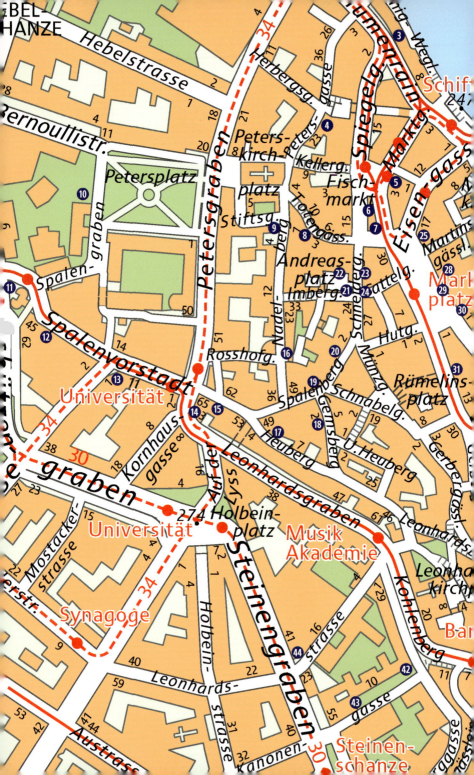

Nummer Karte		Seite
❶	Mittlere Brücke	8
❷	Schifflände	10
❸	Blumenrain 8	12
❹	Petersgasse 17	14
❺	Tanzgässlein/Fischmarkt 1	16
❻	Fischmarkt 5	18
❼	Marktplatz 34	20
❽	Totengässlein 5	22
❾	Nadelberg 4	24
❿	Spalengraben 8	26
⓫	Spalenvorstadt	28
⓬	Spalenvorstadt 33	30
⓭	Spalenvorstadt 13	32
⓮	Leonhardsgraben 3	34
⓯	Spalenberg	36
⓰	Nadelberg 33	38
⓱	Heuberg 5/7	40
⓲	Gemsberg 2–4	42
⓳	Spalenberg 22	44
⓴	Spalenberg 12	46
㉑	Schneidergasse 20	48
㉒	Andreasplatz	50
㉓	Schneidergasse 11	52
㉔	Schneidergasse 11	54
㉕	Marktplatz 2	56
㉖	Martinskirchplatz 4	58
㉗	Rheinsprung 14	60
㉘	Marktplatz 9	62
㉙	Marktplatz 9	64
㉚	Marktplatz 9	66
㉛	Gerbergasse 3	68
㉜	Freie Strasse 35	70
㉝	Augustinergasse 2	72
㉞	Freie Strasse 36	74
㉟	Schlüsselberg 9	76
㊱	Münsterplatz 15	78
㊲	Münsterplatz 9	80
㊳	Münsterplatz 9	82
㊴	Münsterplatz 9	84
㊵	Münsterplatz 10–12	86
㊶	Barfüsserplatz 10	88
㊷	Kohlenberg 17	90
㊸	Kanonengasse 10	92
㊹	Steinengraben 41	94

Mittlere Brücke

① Delfin-Quartett

Als am 11. November 1905 die neue Mittlere Brücke eingeweiht wurde, konnten es Tausende von Baslerinnen und Baslern kaum erwarten, den bis zu diesem Tage noch ungebrauchten Flussübergang zu betreten. Als attraktive Dekoration waren Tannenzweiggirlanden mit Glühbirnen von Mast zu Mast gespannt. Und identische Feuerwerke unter- und oberhalb der Brücke begeisterten die Zuschauer aus allen Bevölkerungsschichten. Man bewunderte das funkelnagelneue Bauwerk in seiner Gesamtheit.

Wer sich heute auf der Mittleren Brücke aufhält, achtet nicht unbedingt auf Details. Gut, als Besonderheit fällt einem die kleine Kapelle auf dem mittleren Brückenpfeiler auf und vielleicht noch das Steingeländer aus Verzasca-Granit mit seinem gotischen Formenspiel. Aber sonst?

In erster Linie will der Brückengänger vom einen zum anderen Ufer, oder er will den Blick auf den Rhein geniessen. Und da sind ihm die Laternenmasten natürlich im Wege. Dabei halten gerade diese Kandelaber kleine, sehenswerte Details parat. In einer kunsthistorischen Würdigung der Basler Denkmalpflege heisst es: «Alle Dekorationen zeigen einen wuchtigen, aus weich fliessenden Formen gebildeten Stil, der sich bewusst von den feinen Skulpturen der alten Kapelle absondert. Ganz anders, noch klassizistisch angehaucht sind die schlanken, gusseisernen Kandelaber, die

ebenfalls aus der Erbauungszeit stammen und einst dunkel gestrichen waren.» Auf der Spitze der Masten sitzt eine stachelige Kugel, die an einen Morgenstern erinnert. Den schmiedeeisernen Sockel der konischen Stahlröhren zieren vier Voluten in der Form von Delfinen. Abzulesen ist auch das Wort «CLUS». Es ist der Name einer nicht mehr existierenden Eisengiesserei: der Gesellschaft der Ludwig von Roll'schen Eisenwerke Clus Kanton Solothurn. Die Firma war noch zu Beginn des 20. Jahrhunderts bekannt für ihre Dekorationsgiesserei und hatte entsprechende Musterbücher, in denen weit über hundert Formen aufgeführt waren.

Schifflände

2 Kraftvoller Tauzieher

Seilziehen ist populär. Tauziehen weniger, denn hier geht es neben dem Ziehen auch darum, das Seil fachgerecht zu verknoten, um ein Schiff in seiner Position zu halten. Bei der Mittleren Brücke im Grossbasel, an der Schiffsanlegestelle, ist ein solcher Tauzieher in Stein gehauen. Der Bildhauer Max Uehlinger (1894–1981) hatte das Relief im Auftrag des staatlichen Kunstkredits um 1927 herum geschaffen. Und ein wenig erinnert der kraftvolle Mann an die athletischen Figuren eines Auguste Rodin.

Die Meinungen zu dieser Steinmetzarbeit waren damals geteilt. «Es ist zu oft eine heikle Sache, an schon vorhandenen Bauten nachträglich künstlerischen Schmuck anzubringen», hiess es in der «Neuen Zürcher Zeitung» im März 1927 über den Entwurf. «Das gilt diesmal vor allem für das Relief an der Schifflände, das sich der Mauer kaum organisch und glücklich eingliedern wird.» Ganz anders wurde ein Jahr später in einem Artikel in der «Arbeiter Zeitung» vom 12. September 1928 über das ausgeführte Werk geschrieben: «Endlich hat der keineswegs populäre Kunstkredit ein Werk schaffen lassen, an dem auch jene ihre Freude haben werden, die nach der Meinung der Kunstsachverständigen – es können darunter solche sein, die

mehr Kunstverständnis zeigen, als sie haben – ‹nichts› verstehen. Wir fürchten aber doch, das Relief wird weniger Aufsehen erregen als die Amazone, die niemandem gefällt.» Heute ist die Amazone von Carl Burckhardt, unweit des Tauziehers beim Brückenkopf stehend, eines der zahlreichen kleinen Wahrzeichen in Basel. Ein grösseres stellt die markante, aus Beton errichtete Antoniuskirche von Karl Moser dar (Seite 140). Für sie hat Max Uehlinger im Jahr 1927 die Kreuzwegstationen geschaffen.

Blumenrain 8

③ Patrone der Pilger

Der baldachinartige Balkon über ihnen stellt zwar ihre Gesichter ein wenig in diffuses Licht, doch das macht die drei Könige nur noch etwas geheimnisvoller. Seit 1844 stehen die drei lebensgrossen Figuren hoch über der Eingangspforte des Hotels Les Trois Rois am Blumenrain 8. Zuvor zierten sie den Vorgängerbau der seit 1681 betriebenen Herberge.

Mit dem Hotel Drei Könige, erbaut in den Jahren 1842 bis 1844 von Amadeus Merian, hatte Basel erstmals ein Hotel neuen Stils bekommen: eine luxuriös ausgestattete Unterkunft für jene Reisenden, denen Reisen ein Erlebnis und Vergnügen war. Lange wurde kolportiert, das Hotel habe seinen Namen einer Zusammenkunft dreier Könige in Basel im Jahr 1026 zu verdanken: Kaiser Konrads, seines Sohnes Heinrichs III. und König Rudolfs von Burgund. Damit einher ging die Behauptung, das heutige Hotel sei das älteste in Europa. Doch eine Urkunde belegt, dass das Gasthaus zu den Drei Königen erst 1681 entstanden ist. Der Name hat also nichts mit einem Königstreffen zu tun. Er ist verknüpft mit den drei Königen Kaspar, Melchior und Balthasar, die gemäss der Bibel dem Stern von Bethlehem folgten und zum neugeborenen Jesus fanden. Weil die drei Könige also eigentliche

Reisende waren, wurden sie zu Patronen der Reisenden und später zu Schutzpatronen der von Pilgern und Reisenden aufgesuchten Gasthäuser. So gibt es denn zahlreiche Gasthöfe und Hotels dieses Namens. Die an der Fassade des Hotels Les Trois Rois auf Konsolen stehenden Könige wurden 1754 in Rheinfelden angefertigt und sind aus Lärchenholz. Einer ins Mittelalter zurückgehenden Bildtradition gemäss symbolisieren sie die drei Lebensalter und die damals bekannten drei Erdteile Afrika, Asien und Europa. Das heisst für unsere drei Monarchen: Links steht der mehrheitlich in Blau gekleidete Balthasar mit einem Weihrauchgefäss. Er stellt das mittlere Lebensalter sowie Asien dar. In der Mitte befindet sich der in Grün gehüllte Kaspar als Jüngster der drei; er hält ein Gefäss mit Myrrhe und repräsentiert Afrika. Rechts steht der rot gewandete Melchior; sein langer Bart weist ihn als den Ältesten aus. Er verkörpert Europa und trägt eine Schatulle mit Gold unter dem linken Arm. Das ganze Jahr über geben sich die drei Könige des Hotels Les Trois Rois als respektvolle, in Brokat gekleidete Herren. Nur einmal verändert sich ihre Kleidung: an der Fasnacht. Dann stecken die Lufthyler-Waggis die drei Monarchen in weisse Hosen sowie blaue Blusen und stülpen ihnen eine Larve über den Kopf, damit auch sie dabei sein können: an den drei schönsten Tagen des Basler Jahres.

Petersgasse 17

④ Zu dritt geduckt

Das recht voluminöse Haus mit der Nummer 17 an der engen, schattigen und steilen Petersgasse wirkt wie ein Teil der spätmittelalterlichen Stadt: Fenster mit grünen Läden, hohes Satteldach und dezent wirkender Erker. Doch der Bau stammt nicht aus dem 15. Jahrhundert, sondern wurde zu Beginn der 1940er-Jahre, während des Zweiten Weltkriegs, errichtet. Die Architekten waren Peter Sarasin und Hans Mähly. Sie hatten die einigermassen anspruchsvolle Aufgabe, einen Scharnierbau zwischen dem bereits im Jahr 1939 fertiggestellten modernen Spiegelhof und der Altstadtgasse zu errichten.

So schlicht der Bau wirkt, so geradezu verspielt kommt der Konsolenfuss des Erkers daher. Er zeigt drei sich duckende Figuren: einen knienden Soldaten mit Schutzmaske in der Hand und eine ebenfalls kniende Soldatin mit einem Kind auf ihrem Schoss. Die kleine Skulpturarbeit hat – im Auftrag des Kunstkredits – der Steinbildhauer Emil Knöll (1889–1972) geschaffen. Und sein Motiv kommt nicht von ungefähr, denn das Haus diente der Luftschutzstelle.

Der damalige Vorsteher des Polizeidepartements, SP-Regierungsrat Fritz Brechbühl, lobte Knöll bei der Abnahme des Kunstwerks. Der Künstler habe sich kein einfaches Thema gestellt; mit der Darstellung der beiden Luftschutzsoldaten, die schützend ein Kind betreuen, sei ihm eine künstlerisch wertvolle Lösung gelungen. Am

Gesichtsausdruck der Soldaten falle auf, dass sie nicht von Angst, sondern vielmehr von einem berechtigten Misstrauen gegenüber den Zeitereignissen erfüllt seien. Apropos Luft und Schutz: Emil Knöll war bei seiner Arbeit in luftiger Höhe nicht allzu gut geschützt. An der Vernissage erzählte er, dass er auf dem wackligen Gerüst, auf dem er in der schmalen Gasse arbeitete, «manchen Fährnissen ausgesetzt» war, wie die «National-Zeitung» am 12. Dezember 1942 schrieb. Eines Tages sei er samt Gerüst auf dem Dach eines Lastwagens gelandet.

Tanzgässlein/Fischmarkt 1

⑤ Bauerntanz ums Eck

Ein verspieltes Figurenrelief ist es, das sich am Fusse des ersten Stocks in Form eines Frieses ums Eck des Hauses am Tanzgässlein zieht. Lauter hüpfende und musizierende Figuren sind darauf zu sehen. Wer genauer hinschaut, entdeckt hinter diesen Figuren einen Schriftzug. «Gott grüss die Kunst» steht da. Der Satz hat doppelte Bedeutung. Die Aussage ist bis zum heutigen Tag der Gruss der Buchdrucker. Und Buchdrucker gab es hier tatsächlich einmal. Derjenige, der das Haus am Fischmarkt 1 mit diesem Buchdrucker-Grusswort von Architekt Wilhelm Marck bauen liess und es 1908 bezog, hiess Gottfried Krebs. 1972 zog die Druckerei an die

St. Alban-Vorstadt 56. Heute befindet sie sich an der Kanonengasse 32. Die vor den Lettern tanzenden Figuren verweisen auf etwas ganz anderes. Sie nehmen Bezug auf ein früheres Gebäude, das an dieser Ecke gestanden hatte, und sind quasi eine Hommage. Das damalige Haus hiess «Zum vordern Tanz» und erinnert an Heinrich Tanz, dem die Liegenschaft einst gehörte. Berühmt geworden war die Liegenschaft aber nicht wegen Heinrich Tanz, sondern wegen der illusionistischen Fassadenmalerei Holbeins. Torbauten und Triumphbögen zeigte das Wandgemälde – und unter anderem auch einen Bauerntanz-Fries, der sich auf der Sockelzone oberhalb des Erdgeschosses befand.

Weder Teile des Hauses noch der Wandmalerei haben sich erhalten. Geblieben sind einzig ein früher Entwurf von Holbein und zu Papier gebrachte Kopien.

Fischmarkt 5

6 Nordlicht bevorzugt

Es gehört zum Bild des Künstlers und Lebenskünstlers, dass er sich in Wohnräumen aufhält, die eher dürftig sind. Den besten Beweis liefert Carl Spitzwegs ironisches Gemälde «Der arme Poet» aus dem Jahr 1839. In einer ärmlichen Dachstube sitzt ein Mann mit weisser Zipfelmütze auf einer dicken Matratze und denkt verbissen nach. Das Licht, das durch das Mansardenfenster fällt, ist etwa so hell wie die Ideen des Poeten.

Wo dem Dichter aber eigentlich auch bloss Kerzenlicht genügt, braucht sein malender Kollege Tageslicht. Im 19. und 20. Jahrhundert arbeiteten deshalb diese Künstler häufig in Dachateliers – dort, wo sie der Sonne am nächsten waren. Je grösser die Fenster, desto besser war das Licht.

Das Atelier war häufig der Lebensmittelpunkt der Maler. Und so ist es nicht verwunderlich, dass seit dem 19. Jahrhundert das Atelier selber immer wieder zum Kunstwerk gemacht wird oder Eingang in Gemälde findet – bei Constantin Brancusi, Kurt Schwitters und Alberto Giacometti ebenso wie bei Bruce Naumann, Joseph Beuys oder Dieter Roth. Häufig sind die Ateliers nach Norden ausgerichtet, weil dadurch der gleichmässigste

Lichteinfall gegeben ist. Das hatte offensichtlich auch der Architekt Rudolf Sandreuter gewusst, als er 1904 am Fischmarkt 5 ein Geschäfts- und Wohnhaus baute. Die nach Norden gerichtete, stets im Schatten stehende Breitseite des Dachgeschosses nimmt ein grosses, geschwungenes Atelierfenster ein. Heute befindet sich hier eine Wohnung, und wenn abends die fächerförmige Glaswand wie eine mild leuchtende Laterne erstrahlt, dann lassen sich dahinter zwei Räume erkennen.

Marktplatz 34

⑦ Fein gebacken

Jahrzehntelang gingen die Kinogänger knapp neben dem Eingang vorbei, der für die Besucher des Tanzcafés Singerhaus bestimmt war, und nahmen ihn nicht wahr. Auch die meisten Besucher, die ins Tanzcafé gingen, dürften den steinernen, mit reicher Ornamentik versehenen Türbogen nicht wirklich beachtet haben. Dabei erzählt er von den Anfängen des Singerhauses am Marktplatz 34. Direkt über den Köpfen der Eintretenden, in der Mitte des Türbogens, schweben zwei Putten, die einen Brezel tragen. Was soll das bedeuten?

Das liebliche Motiv nimmt Bezug auf den Bauherrn und die ehemalige Funktion dieses um 1915/1916 entstandenen, markanten Gebäudes. Christian Singer hiess der Mann. Er war 1862 als Bäcker nach Basel gekommen und liess während des Ersten Weltkrieges eben dieses Haus errichten. Im Parterre befand sich das Ladengeschäft, wo Feingebäck wie eben Brezel verkauft wurde. Im ersten Stock waren Café und Tearoom: ein festlicher Saal mit hohen Fenstern, säulenbestückter Galerie, Kojen und Nischen. In der Mitte hing ein grosser Leuchter, der abends Licht spendete.

In der Zeitschrift «Schweizerische Baukunst» von 1918 heisst es darüber in höchst lobenden Worten: «Der Raum ist tagsüber sowohl am Abend von einer wundervollen Farbigkeit. Vom Elfenbeinton des Holzwerks über das freudige Gelb der Wände bis zur Aprikosenfarbe der Lampenschirme; vom Grünspan der Marmorplatten bis zum Königsblau der Stuhlbezüge und dem Violettrot der Vorhänge und Teppiche eine einzig schöne, zart und diskret abgestimmte Skala von Farben. Die Wände sind reich mit kräftigen Ornamenten verziert; Fruchtstücke und Tierfiguren unterbrechen und beleben sie.» Dazugestellte Fotografien – wenn auch in Schwarz-Weiss – bestätigen diese Beschreibung: Der Saal hatte eine Eleganz und eine grossstädtische Allüre, die bei Nostalgikern Tränen über den Verlust dieses Tearooms aufkommen lassen dürften.

Totengässlein 5

(8) Tod im Gässlein

Gut 80 Jahre lang befand sich am Haus am Steinenberg 21 ein rot-, blau- und türkisfarbenes Wandgemälde, bevor es um 2015 herum verschwand. Es zeigte acht Figuren, darunter einen Harlekin und eine Ballerina, die sich um die oberen Fenster rankten. Gemalt hatte es Heinrich Pellegrini im Jahr 1934. Der Titel: «Künstlerreigen». Ein ähnliches, wenn auch kleineres Wandgemälde befindet sich im Totengässlein am schmalen Altstadthaus mit der Nummer 5. «Zum Altdorf» heisst die Liegenschaft und gehörte einst dem Buchdrucker Froben. Gemalt hatte das Gemälde im Jahr 1953 Ernst Georg Heussler (1903–1982). Auch er stellt auf dem Bild einen Reigen vor, aber einen nachdenklichen. Dem

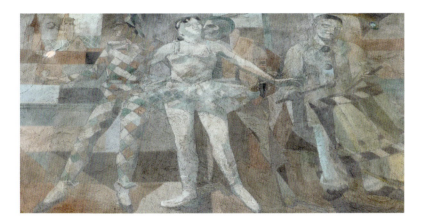

Totengässlein entsprechend zeigt das Fresko einen Totentanz: Ganz nah tritt der als Mephisto kostümierte Knochenmann an eine Tänzerin heran, während links ein Harlekin drei Bälle jongliert und rechts ein trauriger Pierrot den Marsch dazu trommelt. Die zirkushafte Szene, die hier als Memento mori erscheint, gehörte zu Heusslers zentralen Themenkreisen. Heussler war im Basler Waisenhaus aufgewachsen, später ging er nach Paris und lebte anschliessend in Zürich. Dass der Heimwehbasler das Wandbild an die Fassade des Hauses «zum Altdorf» malte, ist auf seine Freundschaft mit dem damaligen Hausbesitzer zurückzuführen. 26 Jahre später sollte Heussler erneut in dem Hause malerisch tätig werden, als er 1979 an der Wand des Hinterhofs ein triptychonartiges Bild kreierte, mit Teufel, Tambour – und Adam und Eva im Zentrum.

Nadelberg 4

9 Auf einem Eberkopf

Sein Blick scheint ins Leere zu gehen; er wirkt irgendwie abgehoben, was für einen Engel ja eigentlich nichts Ungewöhnliches ist. Ungewöhnlich ist eher sein Standort. Hoch über den Köpfen der Passanten steht er auf einer fünfeckigen Konsole am Hauseck, wo der Nadelberg und die Stiftsgasse aufeinandertreffen. Gekleidet in ein bodenlanges blaues Gewand mit goldenen Ärmelbordüren, hält er eine Schriftrolle in den Händen. Die Flügel ruhen in eingezogener, senkrechter Stellung. Lockig fallen seine Haare auf die Schultern. Und über seinem Kopf befindet sich ein fünfeckiger, mauerkronenartiger Baldachin. Was aber hat der Eberkopf an der Konsole verloren? Es handelt sich um das Familienwappen der Familie Eberler. Einem ihrer Mitglieder ist es zu verdanken, dass der Engel an dieser Stelle überhaupt existiert: Mathias Eberler, später auch Mathias Eberler der Engel genannt. Der reiche Ratsherr und Kunstliebhaber hatte die Liegenschaft 1477 gekauft, liess sie prächtig ausbauen und mit Wandteppichen ausstatten, von denen heute einige im Besitz des Historischen Museums sind. Eberler ist auch der Einbau eines grossen gotischen Zimmers im zweiten Obergeschoss zu verdanken, das Repräsentationszwecken diente. Unter anderem wurde dort 1499 der Basler Frieden zwischen den Gesandten Frankreichs, Österreichs und den Eidgenossen unterzeichnet, weil der Gesandte des Herzogs von Mailand gerade in dem Haus weilte.

Eberler lebte in einer Zeit, da das Patriziat an Prachtentfaltung mit dem ritterlichen Adel wetteiferte. Es wundert deshalb nicht, dass der prunkliebende Eberler unweit seines Engelhofs eine Kapelle an die Peterskirche anbauen liess. Nach seinem Tod wurde der Engelhof verkauft und wechselte fortan immer wieder seine Besitzer. 1875 gelangte die Liegenschaft in die Hände der «Basler Philanthropen», die darin ein christliches Hospiz, die «Herberge zur Heimat», einrichteten, das vor allem wandernde Handwerksburschen nutzten. Später kamen ein Arbeitsvermittlungsbüro und sogenannte Arbeitersäle hinzu, in denen Abendkurse in Buchhaltung, Englisch oder Gesang gegeben wurden. Die christliche Ausrichtung wurde dadurch unterstrichen, dass alle wegziehenden Hospizbewohner ein kleines Gebetbuch mit auf den Weg erhielten.

Im Laufe des 20. Jahrhunderts wandelte sich der Engelhof mehr und mehr zu einer Gaststätte und zu einer günstigen Unterkunft. Als diese rote Zahlen schrieb, kam es erneut zu einem Nutzerwechsel: Seit 1990 befinden sich das Deutsche und das Nordische Seminar im Engelhof.

Spalengraben 8

⑩ Kräuter statt Rüben

Der Botanische Garten zwischen Petersplatz und Universitätsbibliothek ist zu jeder Jahreszeit einen Besuch wert. Im Sommer locken die Aussenanlagen wie das Alpinum und der Mittelmeergarten, die Beete mit den Pflanzenfamilien und der Sonnenplatz, das Trockenbord und die Farnschlucht. Im Winter lohnt sich der Besuch des Tropenhauses, des kuppelförmigen Viktoriahauses und des Glashauses für Sukkulenten.

Normalerweise lassen wir im Sommer unsere Augen von üppig schiessenden Büschen und Blumen in den Bann ziehen. Im Winter dagegen sucht der Blick nach allem, was noch irgendwie Farbigkeit ausstrahlt. Und so fällt denn auch die kleine, leicht mit Flechten begrünte Büste auf, die hinter einer Sitzbank beim Ausgang zum Petersplatz auf einem roten Sandsteinsockel steht. Sie wurde vom Physik- und Chemieprofessor Peter Merian (1795–1883) gestiftet und zeigt einen zart erscheinenden Männerkopf mit wachen Augen, feiner Nase, seitlichen Haarrollen und gerüschtem Hemd. Darunter steht in Grossbuchstaben eingraviert: Werner de Lachenal 1736–1800, Professor für Anatomie und Botanik.

Lachenal ist es zu verdanken, dass der Universitätsgarten – zu seiner Zeit noch bei der Predigerkirche, später vor dem Aeschen (Seite 114), heute beim Spalentor gelegen – wieder aus seinem Dornröschenschlaf geweckt wurde. Die Gärtner hatten sich nämlich bis dahin wenig um den Garten gekümmert, weil sie nur unregelmässig entlöhnt wurden und deshalb statt medizinischer Kräuter nützliche Pflanzen wie Rüben zum eigenen Lebensunterhalt zogen. Unter Lachenal erhielt der Garten ein neues Gebäude für Professor und Gärtner und wurde neu gestaltet.

Zudem erfuhren die botanische Bibliothek und das Herbarium einen Ausbau. Lachenal nahm sich auch des Sektionssaals an; er liess ihn renovieren und sorgte zudem dafür, dass das Fach Anatomie finanziell besser gestellt wurde. Lachenal begann als Sohn eines Arztes, Apothekers, Botanikers und Anatoms eine Apothekerausbildung, brach diese jedoch ab und studierte Medizin. In Basel war er von 1776 bis 1798 Professor der Anatomie

und Botanik. Anatomie und Botanik – wie kam es, dass diese beiden Fächer zusammengehörten? Die bis 1822 bestehende kombinierte Professur war jahreszeitbedingt. Der Sommer eignete sich für den Unterricht in der Heilpflanzenkunde, der Winter für die Sektion von Leichen, da diese dann weniger schnell verwesten.

Spalenvorstadt

⑪ Närrisch grinsend

Erbaut im Zuge der Errichtung der äusseren Stadtmauer und fertiggestellt um 1400 ist das Spalentor mit seinen beiden 28 Meter hohen Rundtürmen das imposanteste der drei in Basel noch vorhandenen Stadttore und gilt sogar als eines der schönsten in der Schweiz. Das liegt nicht nur an seiner einmaligen Form. Das 40 Meter hohe Tor mit seinem spitzen Dach, das mit bunten Ziegeln bedeckt ist, zeichnet sich auch durch seinen vielfältigen Figurenschmuck aus, der sich an der stadtauswärts gerichteten Seite befindet. Direkt über dem Torbogen ist ein in roten Sandstein gehauenes Baslerwappen in der Mauer eingelassen, das von zwei Löwen gehalten wird. Darüber erhebt sich eine Madonnenfigur mit Kind. Sie steht auf einer Mondsichel, die wiederum eine Konsole mit singenden und musizierenden Engeln stützt.

Die Madonna ist nicht die einzige religiöse Figur über dem Fallgitter. Zwei bärtige Propheten mit Schriftrollen stehen der als Stadtpatronin geltenden heiligen Mutter links und rechts zur Seite. Gegenüber diesem statischen Trio geht es im Vorwerk geradezu lebendig zu und her. Dort wimmelt es von menschlichen und tierischen Wesen. Neben zwei Rittern, die beide schwer an einem Baslerwappen zu tragen haben, stechen bei genauerem Hinsehen jene Figuren ins Auge, die unter dem Zinnenband die Passanten begrüssen. Rechts aussen stellt ein Adler seine Flügel, links stolziert ein Vogel, der einem Storch gleicht. Nahezu in der Mitte stützt sich eine Frau mit der rechten Hand auf ein Rad. Es ist die allegorische Figur des Schicksals.

Und dann ist da noch ein Narr mit seiner typischen zweizipfligen Kappe zu erkennen, der breit grinst und seine Beine übereinandergeschlagen hat, als ob er hüpfen würde. In den Händen hält er einen Dudelsack. Durch seine Gottesferne und seine Nähe zum Teufel stand der Narr unter anderem für die Vergänglichkeit, den Tod. Und als solche Figur fand er

auch Eingang in die mittelalterliche Fasnacht. In seinem «Narrenschiff» stellt Sebastian Brant einen Sackpfeife spielenden Narren dar und schreibt:
Ein Sackpfiff ist des Narren Spil,
der Harpfen achtet er nit vil.

Spalenvorstadt 33

⑫ Aufgehobenes Glück

Die nachts wie eine Laterne leuchtende Weltkugel über dem Eingang des Hauses Spalenvorstadt 33 ist für die Touristen ein beinahe so beliebtes Fotosujet wie das 50 Meter davon entfernte städtische Wahrzeichen Spalentor (Seite 28). Das kugelrunde Objekt hat eine magische Anziehungskraft und vermag den einen oder die andere wohl irgendwie auch zufrieden zu stimmen. Ein kleines momentanes Ereignis der Freude. Ein vorübergehendes «Paradies im Kopf». Ein Glücksmoment.

Was ist damit anzufangen? Im Grunde reicht der gegenwärtige Genuss. Doch es gibt Menschen, die Freude daran haben, solche Glücksmomente festzuhalten – und weiterzuleiten. Und dafür gibt es in eben diesem Haus die «Meldestelle für Glücksmomente». Wer genau hinschaut, entdeckt sie angeschrieben an der Hausklingel, und im Hauseingang befindet sich auch der entsprechende Briefkasten. Meldestellen für Reklamationen gibt es in unserer Welt genügend, aber eine Meldestelle für Glücksmomente?

Die ersten solchen Meldestellen in der Schweiz gründeten im Jahr 2003 die beiden engagierten Lehrer Mark Riklin und Regula Immler. Sie stellten in der Stadt St. Gallen Schreibmaschinen auf, um Passanten zu motivieren, all das schriftlich festzuhalten, was ihnen Freude bereitet und Glück beschert hat. Diese niedergeschriebenen Glücksmomente wurden anschliessend gesammelt, archiviert und anonymisiert weiterverteilt.

Der in Basel wohnhafte Musiker Hilmar Dagobert Koitka, der Mark Riklin vom Verein «Verzögerung der Zeit» her kannte, griff diese Idee auf und eröffnete 2011 still und leise eine zweite Postadresse dieser Meldestelle in der Spalenvorstadt.

Überflutet wird die «Meldestelle für Glücksmomente» nicht, denn sie will sich nicht exponieren. Aber immer wieder trifft Post ein: von Hand geschriebene Briefe, Zeichnungen, Skizzen. Es kann sich dabei um ein Lächeln

eines Menschen handeln, das dem einen Freude gemacht hat, oder um einen Gewinn im Lotto oder über das Glück darüber, dass ein Tramchauffeur extra auf einen verspäteten Passagier gewartet hat. Koitka, der Verwalter dieser «seelischen Sammelstelle», hebt sie alle auf, diese niedergeschriebenen Glücksmomente; nichts wird weggeworfen. Es ist ein stummes, sich selber genügendes Archiv der kleinen Glückseligkeiten.

Spalenvorstadt 13

13 In der hohlen Gasse

Wenn man in guter Stimmung ist, kann man der Fassade etwas Romantisches abgewinnen. Eigentlich aber macht sie eher einen traurigen Eindruck, zumal das Wandgemälde am Empire-Bau an der Spalenvorstadt 13 an Klarheit und Farbigkeit dermassen eingebüsst hat, dass es trostlos wirkt.

Doch gerade weil das 1816 entstandene Bild stark ausgefärbt, dunkel und teilweise nur noch schwach vorhanden ist, regt es einen dazu an, herauszufinden, was genau auf diesem Gemälde zwischen dem ersten und zweiten Obergeschoss zu sehen ist. Nun, es zeigt zwei patriotische Motive: links den Rütlischwur, rechts Gesslers Tod in der Hohlen Gasse, dazwischen auf schmalem, grauem Feld ein Liktorenbündel, aus dem eine Stange schaut, auf der Gesslers Hut steckt. Darüber, in den Zwischenräumen der Bogenfenster, sind gruppenweise die 22 Kantone eingesetzt. Rütlischwur und Wilhelm Tell waren damals, als das Wandbild entstand, zeitgemässe Themen. Denn in jener Periode wurde Napoleon von den Schweizern als der neue Gessler empfunden.

Das Wandgemälde stammt von Maximilian Neustück, der im Jahr 1780 im Alter von 24 Jahren von Mainz nach Basel gekommen war. Er malte mehr als den Bildstreifen und die lorbeerumkränzten Kantonswappen auf die Fassade. Am Erd- und am ersten Obergeschoss sind architektonische Motive zu erkennen: Türsturz, Ecklise-

nen und kleine, versetzte Steinquader im Parterre, Säulen und Fensterumrahmungen im ersten Stock. Unter dem einen Fenster ist eine Krähe zu erkennen. Sie erinnert an die Vorstadtgesellschaft zur Krähe, die 1399 in der Spalenvorstadt die Liegenschaft «zum Kreyenberg» erworben hatte. Ihr im Jahr 1442 neu errichtetes Haus diente der Gesellschaft als Trinkstube und als Ort für Familienanlässe. Im Jahr 1816 wurde es durch den heute bekannten Bau ersetzt; nur die Krähe stammt noch vom gotischen Vorgängerbau. Inzwischen gehört die Liegenschaft nicht mehr der Vorstadtgesellschaft; sie ist in Privatbesitz.

Leonhardsgraben 3

⑭ Haube und Barett

Was am Haus Leonhardsgraben 3 auf der Lyss zuallererst auffällt, ist der seitliche Durchgang an der linken Ecke. Im Parterre sind hier die Hauswände rücksichtslos durchbrochen worden, sodass die Ecke nur noch von einem Pfeiler markiert wird. Ironischerweise heisst das Haus: «zem neuen Eck».

Als der Strassenverlauf 1962 verlegt wurde, hatte man nämlich einfach einen Teil des Haussockels ausgeschnitten und so einen Durchgang geschaffen, damit die Fussgänger sicheren Schritts um das Haus gehen konnten, ohne der Strasse zu nahe zu kommen.

Der hässliche Ausschnitt beeinträchtigt nicht nur die Fassade, sondern lenkt auch von ihr ab – vor allem vom Eingangsportal, wo sich eine rankenreiche Vergitterung befindet, aus der wie Türknäufe zwei goldene Köpfe hervorragen. Sie zeigen jeweils das Haupt einer Frau und eines Mannes: sie mit einer Haube, er mit einem Barett – typische Kopfbedeckungen zur Zeit der Renaissance. Die beiden Köpfe stellen keine bestimmten Personen dar; sie sind als Dekorationsmotive mehrfach gegossen worden. Und so ist es nicht verwunderlich, dass ein identisches Kopfpaar am Eingang der Villa Solitude beim Tinguely-Museum angebracht ist.

Zufall? Wahrscheinlich nicht. Der Architekt des Hauses «zem neuen Eck» hiess Mathias Oswald und war vor allem Bauleiter. In dieser Funktion arbeitete er mit verschiedenen Architekten zusammen – unter anderem auch mit Christoph Riggenbach,

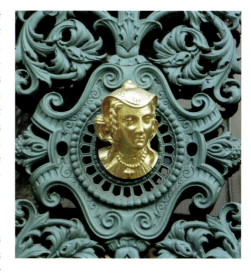

dessen Entwurf der Villa Solitude er im Jahr 1845 umsetzte. Es war das gleiche Jahr, in dem Oswald das Haus «zem neuen Eck» für seinen Schwager, den Pfarrer Ulrich Wick-Hindermann, und dessen Frau Elise errichtete.

Spalenberg

⑮ In dunkler Nische

Auch wenn es sich um einen der grössten Nischenbrunnen in Basel handelt, so ist sein Platz halt doch in einer Nische und deshalb leicht übersehbar. Vor allem das Wandgemälde verschwindet teilweise im Dunkel der «Höhle». Dabei ist der Brunnen, der sich im oberen Teil des Spalenbergs befindet, durchaus sehenswert. Zwei wohlproportionierte Säulen flankieren den Durchgang zum Hauptbecken, aus dem das Wasser in zwei seitliche, vorgelagerte kleine Steintröge fliesst.

Seit 1839 ist der Brunnen in Betrieb. Gut 80 Jahre später kam das dreiseitige Wandgemälde hinzu, das aus einem Wettbewerb des Basler Kunstkredits hervorging. Es stammt von Numa Donzé und zeigt Motive aus dem Leben von Johannes dem Täufer. Der Legende nach soll Johannes der «Vorläufer» von Jesus gewesen sein, den er auch getauft hat. Als er die Heirat von König Herodes Antipas mit seiner Schwägerin Herodias öffentlich als unrechtmässig kritisierte, wurde er gefangen genommen. Als Salome eines Tages vor ihrem Vater Herodes tanzte, war dieser so entzückt, dass sie einen Wunsch frei hatte. Da verleitete die hasserfüllte Herodias ihre Tochter Salome dazu, Johannes' Haupt zu fordern. Das Lebensende von Johannes war damit besiegelt.

In erdigen Farben zeigt Numa Donzé auf seinem Wandgemälde im grossen Mittelteil rechts Johannes als Kind mit zwei Hunden und links als erwachsenen Busspediger und Täufer. Auf der rechten Seitenwand sehen wir den knienden Johannes vor seiner

Hinrichtung mit dem Schwert. Gegenüber ist das Danach der Tötung festgehalten: Salome hält ihrer Mutter auf einer flachen Schale den Kopf des Johannes hin. Das heute eher pathetisch wirkende Gemälde stiess damals nicht nur auf Wohlwollen. Im Basler «Vorwärts» vom 2. September 1921 hiess es: «Die Fresken (...) am Spalenbergbrunnen zeigen keinen Reichtum von Farbe, haben kein Leben, mit einem Wort, sie entsprechen nicht der Wirklichkeit der Natur und haben infolgedessen auch keinen Anspruch auf das Wort Kunst.» In der «National-Zeitung» dagegen lobte man Donzés Arbeit: «Das Werk (...) bringt unserer Stadt an einem ihrer beliebtesten Punkte eine künstlerische Zier (...) An das Publikum aber ergeht der Appell, das wertvolle Kunstwerk vor jeder Beschädigung zu bewahren. Aufgabe der Eltern und der Lehrerschaft wird es sein, den Kindern einzuprägen, dass jede leichtfertige Beschädigung unserer öffentlichen Kunstwerke so schlimm und verächtlich sei wie Diebstahl.»

Nadelberg 33

16 Kupfernes Geheimnis

Wie kommt bloss dieser Schwan auf das Dach? Hat er mit den ehemaligen Hausbesitzern zu tun? Steht er in Zusammenhang mit einem Familienwappen? Und seit wann sitzt er schon dort? Die Basler Denkmalpflege, die sich bei einer Sanierung des Hauses Nadelberg 33 auch dessen Geschichte angenommen hat, vermutet, dass der Schwan in den 1950er-Jahren dort installiert worden ist. Der aus Kupferblech wohlgeformte Wasservogel sieht sehr schön aus: elegant sein geschwungener Hals, graziös seine angehobenen Schwingen, leicht geöffnet sein Schnabel mit Höcker und Zunge – alles naturalistisch nachgebildet.

In der Symbolik repräsentiert der weisse Schwan jene Eigenschaften, die er mit seiner Anmut auch ausstrahlt: Licht, Reinheit, Reifung und Vollendung. In vielen Religionen sind Schwäne die Begleittiere von Göttern – des griechischen Sonnengottes Apollon zum Beispiel oder

des hinduistischen Gottes Brahma. In der griechischen Mythologie verwandelt sich Zeus in einen Schwan, um sich in dieser Gestalt Leda anzunähern. In der Traumsymbolik kann er die ahnende Seele sein, die uns mit dem Wissen und der Weisheit unserer Ahnen verbindet. Deshalb auch der Ausdruck «mir schwant etwas».

⑰ Spiel mit Säulen

Das monumentale Haus ist mehrere Meter vom Heuberg zurückgesetzt und sitzt eigentlich in einem Loch. Ein hohes Gitter gibt dem Passanten Sicherheit vor dem breiten, abweisenden Graben, der zwischen Trottoir und Gebäude liegt. Das Erdgeschoss der prächtigen Liegenschaft erscheint solchermassen als eigentliches Souterrain.

Spiesshof heisst das imposante Gebäude, es wurde Ende des 16. Jahrhunderts von Daniel Heintz gebaut und ist nicht nur eines jener seltenen Basler Häuser, die im Renaissancestil erbaut sind, sondern gilt darüber hinaus als ein Hauptwerk der Renaissancearchitektur in der Schweiz und am Oberrhein überhaupt.

Renaissance bedeutet, dass bei diesem Bau Elemente der antiken Architektur aufgenommen worden sind. Das ist an der viergeschossigen Prunkfassade des Spiesshofs deutlich abzulesen. Sie besteht aus einem System von Säulen, Bögen und Gebälk, wobei auch auf die Symmetrie grosser Wert gelegt wird.

Die Architektur der Renaissance beruht auf einem ausgeklügelten Regelwerk von Formen und Proportionen, in dem insbesondere die unterschiedlichen Säulenordnungen – dorisch, ionisch,

korinthisch – eine Rolle spielen. Mit einer Ausnahme sind diese am Spiesshof gut ablesbar. Im Parterre finden sich vier dorische Säulen, zwischen die sich drei Rundbögen spannen. Der Name «dorisch» geht auf den griechischen Volksstamm der Dorer zurück. Bezeichnend ist, dass das Kapitell wulstartig ausladend ist. Im ersten und zweiten Obergeschoss sehen wir je sieben ionische Säulen, deren Name sich vom griechischen Volksstamm der Ionier ableitet. Hier weist das Kapitell als Besonderheit ein Polster mit seitlich angebrachten schneckenförmigen Rollen auf. Was beim Spiesshof fehlt, ist die dritte Säulenart: die korinthische. Ihr Kapitell besteht aus stilisierten Akanthusblättern.

Gemsberg 2–4

⑱ Gemalte Illusionen

Es war für Basel eine Sensation, als im Jahr 1968 am Gemsberg 2–4, dem Haus zum Löwenzorn, ein ungewöhnliches Fassadengemälde freigelegt wurde, das in dieser Art einmalig ist. Es handelt sich um eine architektonische Illusionsmalerei, die wohl Ende des 16. Jahrhunderts entstanden sein dürfte. Der Maler ist unbekannt.

Aufbauend auf einem dekorativen Quadersteinfundament zeigt sie in verschiedenen Grautönen menschenleere Säulenhallen und nach hinten gestaffelte Pfeilerarkaden sowie Bogengewölbe mit runden Durchbrüchen, in denen der blaue Himmel zu sehen ist. Ganz rechts drückt sich eine Säulenreihe zwischen Fensterrahmen und Wasserkännel und begleitet einen steilen Treppenaufgang. Es ist die perspektivische Illusion, die hier auf die Spitze getrieben wird. Leider ist nicht alles erhalten geblieben. Den helleren Originalpartien stehen die dunkleren rekonstruierten Teile gegenüber. Gemalte Fassadendekorationen gehörten einst zum Erscheinungsbild zahlreicher schweizerischer und süddeutscher Städte. Nicht nur herausragende Bauten wie Rathäuser und Stadttürme, sondern auch einfache Bürgerhäuser waren mit farbigen Fassadenbemalungen ausgestattet, die etwa mit Menschen bevölkerte Balkone vorspielten, wie sie am Basler Rathaus zu sehen sind. Dieser das Auge täuschende Stil, der sogenannte

Gemsberg 2–4

Trompe-l'œil, entwickelte sich in der Renaissance und geht einher mit der Wiederentdeckung der Perspektive und den wissenschaftlichen Fortschritten im Bereich der Optik.

In Basel gibt es kaum noch Beispiele solcher architektonisch-illusionistischen Fassadendekorationen. Neben dem Rathaus lassen sie sich bloss im Innenhof des Spalenhofs (Seite 46) und eben am Restaurant zum Löwenzorn finden. Dort allerdings steht die Architekturszenerie ganz für sich allein; sie ist nicht wie beim Rathaus in die vorhandene Fassadenstruktur einbezogen worden. Dafür macht das Illusionistische beim «Löwenzorn» nicht an der Fassade halt. Es ist auch im Hausinnern zu entdecken, und zwar im Intarsienzim-

mer. Eine wandhohe Täferung zeigt Arkaden, in deren Zwischenräumen Ruinen und weitere Säulenhallen dargestellt sind. Besonders schön ist auch das eingebaute Buffet mit einer Schauwand, die eine fantastische symmetrisch angeordnete Toranlage mit Türmen und Häusern zeigt. Als Furnierhölzer wurden für diesen Intarsiensaal Ahorn, Zwetschge, Nussbaum und für die Hintergründe ungarische Esche verwendet.

Spalenberg 22

⑲ Wolf im Spiegel

Heute sind es Taschen, die hier zu haben sind, aber einst gab es im Haus am Spalenberg mit der Nummer 22 Öle und Südfrüchte, Zucker, Tee, Kaffee und wohl einiges mehr zu kaufen. Noch heute steht dieses Angebot an der Fassade geschrieben. Als Kolonialwarenladen bezeichnete man ein solches Geschäft. Den Weg zu jenem Laden am Spalenberg geebnet hat der Mehlhändler und Wirt Emil Fischer-Miville. 1877 zog er dort ein, nachdem er zuvor mit seiner 1861 gegründeten «Spezerei-, Packtuch- und Samenhandlung» im Zunfthaus zu Gartnern an der Gerbergasse tätig gewesen war. Später übernahm sein Sohn Emil Fischer-Lang (1868–1945) die Firma. Dieser verlegte sich mit der Zeit auf den Kaffee- und Teehandel en gros und beauftragte im Jahr 1914 den Kunstmaler und Grafiker Burkhard Mangold (1873–1950), die Fassade des Hauses entsprechend zu bemalen.

Mangold ging mit Sorgfalt vor. Über dem ersten Stock entwarf er in freiem schwarzen, mit Gold durchzogenem Strich einen Fries mit sechs Figuren – darunter einen Südamerikaner mit Kakao-

bohnen, eine Afrikanerin mit Bananen und einen Chinesen mit Tee. Einen Stock höher schloss Mangold die Wandmalerei mit einem zentralen Medaillon ab, von dem üppige Girlanden auslaufen, die von Putten getragen werden. Der Spiegel des Medaillons zeigt einen goldenen Wolf. Der hat mit dem Laden allerdings gar nichts zu tun. Das Tier nimmt Bezug auf den Namen des Hauses, das schriftlich erstmals im Jahr 1350 erwähnt wird: «zu Wolf». Mangolds Wolf soll übrigens auch Ideenquelle gewesen sein: Es heisst, er habe Hermann Hesse, der viele Jahre in Basel gelebt hat, zum Titel seines Buches «Steppenwolf» inspiriert.

Spalenberg 12

⓴ Kleiner Bruchteil

Tagsüber sind die grossen hölzernen Flügeltüren stets geöffnet und gewähren den Stadtspaziergängern Einlass in den schattigen Innenhof der Liegenschaft am Spalenberg 12. «Spalenhof» wird der Bau auch genannt. Es ist der Sitz der beiden Kleintheater Fauteuil und Tabourettli.

Es ist ein hübscher Innenhof, wie es in Basel noch ein paar dieser Art gibt – mit Kopfsteinpflaster, einem Wandbrunnen, hölzernen Architekturelementen, dunkelroten Türbögen und Fensterrahmen. Ins Auge stechen vor allem ein Fachwerkanbau mit Bandmalereien und zwei kunstvoll aus Holz gearbeitete Laubengänge. Beide Besonderheiten stammen aus dem 17. Jahrhundert. Die damaligen Um- und Anbauten gab der frühere Besitzer Johann Ludwig Krug in Auftrag. Eisenhändler von Beruf brachte er es – wie sein Urgrossvater vor ihm – bis zum Ratsherrn, dann zum Oberzunftmeister und schliesslich 1669 zum Bürgermeister. Krug war in erster Ehe mit Judith Wettstein, der Tochter des Johann Rudolf Wettstein, verheiratet. Ein Allianzwappen am Treppenturm im Hof weist noch heute auf diese eheliche Verbindung hin. Was neben den architektonischen Finessen ebenfalls auffällt, ist ein zwischen zwei Fenstern angebrachtes Wandgemälde im ersten Stock. Es stammt aus der zweiten Hälfte des 16. Jahrhunderts, als Johann Ludwig Krugs Urgrossvater,

Kaspar Krug, die Liegenschaft kaufte. Kaspar Krug war mit Eisen zu Reichtum gekommen und gleich dreifach zünftig, nämlich zu Schmieden, zu Safran und zu Weinleuten. 1547 wurde er Ratsherr, dann Oberzunftmeister und schliesslich Bürgermeister. Den «Spalenhof» liess er zu einem herrschaftlichen Sitz umbauen. Und dazu gehörten auch entsprechende Fassadenmalereien.

Geschmäcker verändern sich jedoch, und so verschwanden mit den Jahrhunderten die Wandmalereien im «Spalenhof». Erst 1918 wurde die auf einem Balkon stehende, bekrönte Justitia mit Schwert und Waage neu entdeckt. Sie stellt den kleinen Bruchteil einer kompletten Fassadenbemalung dar – mit für jene Zeit typischen architektoni-

schen Formen (Seite 42). Doch die Malerei war zu fragmentarisch, als dass man sie komplett hätte freilegen und restaurieren können. Wer der Maler war, ist nicht bekannt. Vermutlich wird er bis zu einem gewissen Grad Hans Holbein zum Vorbild genommen haben, der in Basel den Anstoss für solche Fassadenmalereien gegeben hatte: mit dem um 1520 bemalten, aber nicht mehr existierenden Haus zum Tanz an der Eisengasse (Seite 16).

Schneidergasse 20

㉑ Wanderndes Licht

«… freuen Sie sich doch, dass Ihnen die Sonne noch immer scheint», steht an der «Hasenburg»-Wand. Es ist ein Zitat des verstorbenen Künstlers Dieter Roth und stammt aus einem Brief, den Roth am 26. April 1975 dem Fotografen Alfred Hablützel und dem Werber Christian Jaquet geschrieben hatte.

25 Jahre später nahm der inzwischen ebenfalls verstorbene Berner Künstler Ueli Berger diesen Satz auf und schrieb ihn – als Hommage an Dieter Roth – an die Wand der «Hasenburg». Dazu brachte er an der Hausmauer vis-à-vis einen runden Spiegel an, der das Sonnenlicht bricht und auf die gegenüberliegende Wand wirft. Das Resultat: Eine kreisrunde Lichtscheibe wandert so langsam wie die Sonne über die Schrift. Und so kann man sich tatsächlich darüber freuen, dass dort, wo schon lange Schatten herrscht, die Sonne doch noch immer scheint, irgendwie. Die poetisch-geistreiche Installation war im

Jahr 2000 eine von zehn im Stadtraum gezeigten Kunstinterventionen. In Auftrag gegeben hatte sie die sun21, die damit künstlerische Signale zum Thema Energie setzen wollte. Überlebt hat

„... freuen Sie sich doch, dass Ihnen die Sonne immer noch scheint."
(Dieter Roth 1975)

einzig «... freuen Sie sich doch, dass Ihnen die Sonne noch immer scheint». Es ist gleichzeitig auch die einzige in Basel noch existierende Ausseninstallation von Ueli Berger. Für die «Grün 80» in Brüglingen hatte er den «Standpunkt» geschaffen: Eine mit Gras überwachsene Erdscheibe, die hälftig ein Stück weit aus dem Boden ragte und hälftig im Boden versank. Die Land-Art-Plastik hatte 1984 zugunsten der Ausstellung «Skulptur im 20. Jahrhundert» zu weichen und wurde dem Erdboden gleichgemacht, «wohl weil der Berner nicht ins internationale Berühmten-Konzept passte», wie die Kunsthistorikerin Annemarie Monteil im Basler Stadtbuch 1984 kritisch vermerkte.

Andreasplatz

22 Der Bekannteste

Basel ist eine Brunnenstadt. Gegen 320 Brunnen gibt es hier; rund 200 davon allein auf öffentlichem Grund. Die anderen stehen in Pausenhöfen von Schulhäusern, bei staatlichen Liegenschaften oder in privaten Gärten. Einer der öffentlichen Brunnen ist in Basel dermassen bekannt, dass die Einheimischen ihn schon fast wieder nicht mehr zur Kenntnis nehmen: der Affenbrunnen auf dem kleinen, romantischen Andreasplatz.

Bereits im Mittelalter hatte sich hier ganz in der Nähe eine Wasserquelle befunden, die ab 1407 drei Badstuben hinter der nicht mehr existierenden Kapelle St. Andreas speiste. Vom Andreasplatz aus wurde das Wasser «Goldbach» genannt und diente verschiedenen Häusern als Kanalisation bis zum Rhein.

Die Kapelle St. Andreas ist schon lange verschwunden; 1792 wurde sie abgerissen. Einzig eine Linie dunkelroter Pflastersteine zeigt an, wo die Kapelle einst gestanden hat. An ihrer Stelle steht seit 1867 der vor sich hinplätschernde Affenbrunnen, der aus der gleichen Quelle gespeist wurde wie die Badstuben. Gemütlich sitzt das braun behaarte Tier auf dem viereckigen Brunnenstock, trägt ein rotes Wams, einen in gleicher Farbe gehaltenen und mit Federn geschmückten Hut. Genüsslich beisst es in eine Orange und hält in der linken Hand eine Weintraube zur weiteren Verpflegung parat. Die gegenwärtige Affenskulptur ist bereits die zweite Kopie des Originals, das seit rund 100 Jahren im Historischen Museum steht.

Der Affe auf dem Brunnen des Andreasplatzes ist nicht der einzige, aber der wohl bekannteste, der im Stadtbild zu sehen ist. Im Hof des Rathauses am Marktplatz hat der Kunstmaler Wilhelm Balmer um 1900 einen schlanken Affen gemalt, der sich auf einer Balustrade an ein Früchtebouquet heranschleicht (Seite 62). Und an der Fassade des Restaurants Brauner Mutz sind in Sgraffitotechnik gleich zwei Affen zu sehen, die sich auf dem Jahrmarkt neben einem Bä-

renführer vergnügen (Seite 88). Dass so viele dieser menschenähnlichen Tiere in dieser Stadt künstlerisch verewigt worden sind, hat gewiss damit zu tun, dass Basel seit bald 550 Jahren die Herbstmesse kennt, wo früher wilde Tiere wie Bären, Papageien – und eben Affen – eine grosse Attraktion für die Besucher darstellten.

Schneidergasse 11

23 Hier Gift, dort Hase

Es war fast revolutionär, als Innozenz Weiss es in den 1860er-Jahren wagte, in seinem Restaurant zum Ritter St.Georg neben Wein auch Bier auszuschenken. In Basel war man das damals nicht gewohnt; Bier gab es nur dort, wo auch eine hauseigene Brauerei war. Ansonsten servierte man einzig Wein. Weiss' Wein- und Bierschenke an der Ecke Sattelgasse/Schneidergasse wurde zum Tagesgespräch. Und das «Intelligenzblatt» rückte gar einen Artikel ein, in dem es hiess, Bier, das nicht beim Bierbrauer getrunken werde, sei Gift. Viele Hunde sind normalerweise des Hasen Tod. Nicht aber hier. Der Gastwirt liess sich nicht einschüchtern, ging in die Offensive und gab seiner Beiz den Namen «Gifthüttli».

Der Name ist geblieben, nur der Standort hat geändert. Wegen der Verbreiterung der Schneidergasse wechselte das «Gifthüttli» auf die andere Strassenseite in einen 1913 erstellten Neubau von Architekt Rudolf Sandreuter. 1929 verpasste der Dekorationsmaler Otto Plattner dem Gebäude eine Fassadenmalerei,

die sich bis heute erhalten hat und mit ihren Girlanden und Landsknechtgestalten prägend ist für das Restaurant. Zu sehen ist an der Fassade unter anderem auch ein Jäger, der einen toten Hasen an den Hinterläufen hält. Ob damit auf die «Hasenburg» vis-à-vis angespielt wird, ist nicht bekannt. Möglich wäre es, denn das «Château Lapin» ist älter als die Fresken am «Gifthüttli». Die «Hasenburg», die diesen Namen Ende des 19. Jahrhunderts erhielt, war schon 1772 als Gaststätte bezeugt.

Schneidergasse 11

24 Ein König für Basel

Der Kopf ähnelt mit seinem weissen Bart dem kraftvollen griechischen Meeresgott Poseidon. Doch es ist das Konterfei eines Königs, das seine Zunge herausstreckt. «Lälli» ist das baseldeutsche Wort für Zunge.

Der Kopf am «Gifthüttli» stammt aus den handwerklich geschickten Händen von Emil Schnetzler und ist wohl in etwa so alt wie das von Rudolf Sandreuter im Jahr 1913 errichtete Restaurant.

In einer dicht bebauten Altstadt gibt es vieles in der Höhe zu entdecken, das eine eingehendere Betrachtung lohnt. Zum Beispiel der Lällekönig an der Dachtraufe des Restaurants Gifthüttli an der Ecke Schneidergasse/Sattelgasse.

Über die Bedeutung des Lällekönigs, der heute als eines der Basler Wahrzeichen gilt, kursieren verschiedene Ansichten. Streckt der an Grossbasler Häusern angebrachte Kopf den Kleinbas-

Schneidergasse 11

lern die Zunge heraus? Will er die Leute einfach zum Lachen bringen? Oder handelt es sich um einen sogenannten Neidkopf? Neidköpfe gehen vermutlich auf die Kelten zurück. Die fratzenhaften Köpfe wurden an Türen und Dachgiebeln angebracht. Sie sollten bösen Mächten Angst machen und sie dazu bringen, den Menschen in den Häusern nichts zu neiden.

Marktplatz 2

㉕ Wegweisende Laterne

Für den jungen, jüdischen Kaufmann Julius Brann war es ein hoffnungsvoller Tag, als er am Samstag, 8. April 1905, um punkt 14 Uhr die ersten Kunden in seinem brandneuen Konsumtempel am Marktplatz begrüssen durfte. «Warenhaus Julius Brann» hiess es und war das vierte seiner Art in Basel. Zuvor schon waren in der Freien Strasse der «Knopf» (1903), die «Magazine zum wilden Mann» (1903) und das «Au Printemps Paris» (1904) entstanden. Doch das viergeschossige Warenhaus Julius Brann, erbaut von den Architekten Alfred Romang und Wilhelm Bernoulli und damals noch mit einem Lichthof versehen, währte nicht lange. Schon zwei Jahre später übernahm Globus das Gebäude und erweiterte es ab 1909 entlang der Eisengasse. Als Bindeglied zwischen Alt- und Neubau kam eine gerundete Eckpartie mit zweigeschossigem Erker und Figurenfries hinzu.

Im Jahr 2012 ist die gesamte Fassade des Globus unter der Begleitung der Kantonalen Denkmalpflege eingehend instand gesetzt worden. Dazu gehörte auch die grosse, runde Uhr. Tagsüber zeigt sie – geschützt unter einem mit Goldornamenten verzierten Dächlein – dem Marktplatz die Uhrzeit an. Nachts mit ihrem beleuchteten, meeresgrünen Zifferblatt erscheint sie den Nachtschwärmern als

wegweisende Laterne. Kunsthistoriker vermuten, dass die Inspiration zu dieser aussergewöhnlichen Jugendstilfassade von Victoria Hortas Kaufhaus «A l'innovation» von 1901 in Brüssel stammen könnte. Wie auch immer – das über 110 Jahre alte Gebäude bildet immer noch ein markantes Wahrzeichen an der Nordseite des Marktplatzes.

Martinskirchplatz 4

㉖ Teilen und schenken

Als sich der deutsche Maler Ernst Ludwig Kirchner im beginnenden 20. Jahrhundert in Davos aufzuhalten begann, geriet er auch in den Fokus von Basler Künstlern – erst recht mit einer Ausstellung in der Kunsthalle im Jahr 1923. Hermann Scherer wurde zu Kirchners «Schüler» ebenso wie Albert Müller, Paul Camenisch und Werner Neuhaus. Ein weiterer hiess Hans Friedrich Rohner (1898–1972). Der Basler Maler besuchte Kirchner jahrelang im Sommer in Frauenkirch bei Davos, malte mit diesem gemeinsam nach Figur und Landschaft. Und zusammen mit seiner Frau stand er Kirchner gerne und oft als Modell zur Verfügung.

Rohners Basler Zeit – sie dauerte bis 1923, dann zog er nach München und Zürich – war noch frei von kirchnerschen Einflüssen. Das zeigt sich in einem Wandbild, das er 1920 über das Südportal der Martinskirche malte. Es zeigt den heiligen Martin, wie er seinen Mantel mit dem Schwert zweiteilt und den einen Teil einem bettelarmen, nackten Manne gibt. Drei umstehende und gut bekleidete Frauen offenbaren anhand ihrer Gesten, was sie von dieser grosszügigen Aktion des Martin halten; sie sind entweder irritiert, entsetzt oder geben sich abschätzig. Nicht alle mochten sich über das Bild freuen. Die Denkmalpflege war über den Entscheid des Kunstkredits, Rohners Entwurf ausführen zu lassen, nicht glücklich und bat den Regierungsrat, «dass die Kommission für den Staatlichen Kunstkredit (...) sich auf neuere Bauten beschränken möge».

Ein anderer dagegen freute sich über das Bild: der deutsche Staatsmann Gustav Stresemann, als er 1926 Basel besuchte. In den «Basler Nachrichten» vom 8. März jenes Jahres ist zu lesen: «Wir haben nur einen kurzen Besuch im Salonwagen bei den Herren Luther und Stresemann gemacht und dabei

keine politischen Bohrversuche unternommen. Aber es interessiert, freut oder ärgert vielleicht manchen Basler Leser, dass uns der Reichskanzler spontan sein wahrhaftes Entzücken über das Fresko an der Martinskirche ausgesprochen hat. Er finde darin eine wundervolle Stimmung und vornehme Anpassung an den Charakter eines alten christlichen Gotteshauses.»

Rheinsprung 14

㉗ Scharren erlaubt

Heutzutage bekommt der Flaneur in Basel höchstens nasse Schuhe, wenn das Wetter nicht so schön ist. In den seltensten Fällen bleibt ihm Schnee an den Sohlen kleben und seit die Strassen kopfsteingepflastert und asphaltiert sind, muss er nicht mehr damit rechnen, erdverklumpte Schuhe zu riskieren. Deshalb wissen die meisten gar nicht, was die metallenen Bügel sollen, die am Boden bei den Eingangstüren alter Liegenschaften angebracht sind.

Es sind Scharreisen. An ihnen kann man auch heute noch allfälligen Schmutz von den Schuhen kratzen. Scharreisen können in unterschiedlichen Formen auftreten: als frei stehendes Eisen auf einer Treppe oder bei einer Eingangstür, als um Türbogenkanten herum angebrachte, halbrunde Stege – oder in die Mauer eingelassen mit einer Aushöhlung in der Wand, sodass Platz für den Schuh bleibt. In der Rittergasse, am Nadel- und Heuberg etwa sind sol-

che Scharreisen zu entdecken. Auch am Rheinsprung sind verschiedene Modelle zu sehen – unter anderem beim Haus Nummer 14 mit dem Namen «Zum Alten Bramen». Das dortige Scharreisen ist an seinen Enden so schön geschwungen und mit Akanthusblättern verziert, dass man sich beinahe nicht getraut, es zu benutzen.

Marktplatz 9

㉘ Balkon der Eitelkeit

Man muss nicht immer in den Zolli gehen, um wilden Tieren nah zu sein. An der Chorwand des Basler Münsters zum Beispiel lassen sich gefahrlos Löwen und Elefanten bewundern, im Schützenmattpark können Kinder auf einem Seehund reiten und am oberen Rheinweg lässt sich sogar ein Lachs streicheln. Die hübscheste Tiermenagerie ausserhalb des Zoos aber befindet sich für den Stadtjäger im Rathaushof. Neben einem Löwen stechen vor allem ein Affe und ein Papagei hervor. An der linken Seitenwand im ersten Stock haben sie einen Säulenbalkon in Beschlag genommen und zeigen gewisse, nicht über alle Zweifel erhabene menschliche Verhaltenszüge, die auch den in diesem Haus tagenden Parlamentariern nicht fremd sein dürften. Der eitle Papagei, ein farbenprächtiger hellroter Ara, nimmt die gleiche Haltung ein wie der rechts neben ihm auf dem Balkon stehende reiche Herr: Die eine Kralle sichtbar auf das Steingeländer gelegt, schaut er auf die untere Etage, wo ein Wächter zwei Doggen an der Leine führt. Ob und was der Vogel seinem Herrn nachplappert, weiss nur die schweigsame Hausmauer. Der Affe schleicht derweil an ein Früchtebouquet heran, das verheissungsvoll unter dem Fenstersims hängt.

Gemalt hat das Wandbild um 1900 herum der Basler Kunstmaler Wilhelm Balmer. Er nimmt damit gewiss Bezug zur Rathausfassade am Marktplatz, wo – ebenfalls im ersten Stock – ein Junge mit einem Papagei auf einem ganz ähnlichen Balkon zu sehen ist.

Was der wendige Affe soll, ist – abgesehen von seinen imitierenden Eigenschaften – unklar. Wer weiss, möglicherweise spielt er auf den nahe gelegenen Andreasplatz an, wo einer seiner Artverwandten auf einem Brunnenstock hockt und eine Orange frisst (Seite 50).

Marktplatz 9

㉙ Wasser bis zum Mond

Bis 1762 trat der Rhein bei Basel durchschnittlich alle zehn Jahre über die Ufer. Danach verlangsamte sich dieser Rhythmus: Im 20. Jahrhundert lief der Rhein 1910, 1978, 1994 und zum letzten Mal am 12. Mai 1999 über.

Dass auch der Birsig schon über die Ufer getreten ist, können wir uns heute, da der Fluss eingedolt ist, gar nicht mehr vorstellen. Gut deshalb, dass am Rathaus, am Pfeiler zwischen dem zweiten und dritten Torbogen, eine metallene Erinnerungstafel angebracht ist, welche die Hochwasser im Brachmonat Juni 1529 und im Heumonat Juli 1530 festhält. Darauf ist zu lesen:

«Anno Domini MDXXVIIII uff den XIII tag brachmonats ist der Birsig unversehenlicher Wassergüs halber so gros worden, das er bitz hier-

Marktplatz 9

her unden an diese Tafel geflossen ist, darvon einer Stat Bassel un der Burgerschaft gros schad entstundt.

Darnach im MDXXX Jar uff den III tag des hewmonats wurd der Birsich abermollen so gross, das er biss an disen mone flos und aber von einem berg ann andern gieng. Got behut unss vor ubel alle Zitt.»

Einmal also reichte das Hochwasser des Birsig bis unter die Tafel, das andere Mal bis zum «mone», zum Mond, der wie eine Waagschale an der Tafel hängt.

Marktplatz 9

㉚ Er fiel als Held bei «Marignan»

Wer direkt vor dem Basler Rathaus steht, dem ist es nicht möglich, das monumentale Wandgemälde zu sehen. Der Stadtspaziergänger muss schon die Freie Strasse hinunterflanieren, um der markanten Figur an der zu ebendieser Strasse gekehrten Turmfassade Schritt für Schritt näher zu kommen. Das hochformatige, plakative Bild zeigt eine Gestalt aus der Basler Geschichte: den legendären Bannerherrn Hans Bär aus der Schlacht bei Marignano, die sich 2015 zum 500. Mal jährte. Entsprechend ist die sich reimende Bildlegende: «Hans Bär, der rettet Basels Fahn und fiel als Held bei Marignan. 14. September 1515.»

Bär, geboren im Jahr 1484, gehörte zu einem der Häupter der vermögenden Sippe von Basler Tuchherren und war Mitglied sowie Zunftmeister der Herrenzunft zu Safran. In der Basler Truppe der Mailänderkriege bekleidete er das Amt des Fouriers und war vor allem der Basler Bannerträger in der Schlacht von Marignano. Entsprechend stolz steht er da, mit strengem Blick, scharf zurechtgestutztem Bart, gekleidet in einer reichen Schweizergarde-Uniform mit Ritterrüstung und Schwert.

Gemäss Wurstisens Basler Chronik aus dem Jahr 1580 berichteten Teilnehmer der Schlacht, dass das Geschoss eines schweren Geschützes dem Basler beide Schenkel zerrissen habe. Bär soll, als er den Tod nahen fühlte, das Banner dem nahe stehenden Basler Georg Werlin übergeben haben. Andere Zeugen wollen gesehen haben, dass Bär das Fahnentuch von der Stange riss und es Werlin in die Hand drückte, der es unter seiner Kleidung verbarg und nach Basel retten konnte.

Gemalt hat das Wandbild Wilhelm Balmer (1865–1922); es ist eines von mehreren Fassadenmalereien an den Rathausbauten, die zwischen 1899 und 1904 entstanden. Balmers Malereien ranken sich vorwiegend um den Beitritt Basels zur Eidgenossenschaft, dessen 400-Jahr-Jubiläum 1901 mit einem grossen Festspektakel begangen worden war. Im Falle des Hans Bär handelt es sich zusätzlich um ein Rollenporträt; Balmer verlieh dem Helden Bär die Gesichtszüge seines Malerkollegen Franz Baur.

Gerbergasse 3

㉛ Geschmiedeter Ring

Sie wirkt so eng, die Gerbergasse mit ihren mehrstöckigen Gebäuden, dass sich schlecht ein Überblick über die architektonischen Raffinessen verschaffen lässt, die diese Häuser zum Teil auszeichnen. Eines davon ist jenes mit der Nummer 3. Als es im Jahr 1907 gebaut wurde, stand weder links noch rechts und hinter ihm ein anderes. Ringsum herrschte Leere. Denn man hatte im Zuge der Überdeckung des Birsig-Flusses auch eine Strassenkorrektur vorgenommen und die Baulinie in der Gerbergasse zurückversetzt. Das heisst: Die alten Häuser waren abgebrochen, aber an ihrer Stelle standen zum Teil noch keine neuen. Doch die Nummer 3 stand. Zehn Meter breit, knapp vier Meter tief, und mit seinem breiten Bogen wirkte das Haus damals wie ein Stadttor. Dieser weite Bogen: Er ist ein Markenzeichen des Architekten Heinrich Flügel (1869–1947), von dem zwischen Markt- und Barfüsserplatz etwa ein Dutzend

Bauten stehen. Beim Haus an der Gerbergasse 3 interessiert aber nicht nur der Bogen, sondern auch der Erker mit seiner Ornamentik: Über den untersten Erkerfenstern zieht sich ein Flachrelief mit neugotischen Ornamenten im Jugendstil, wie wir sie in der Deckenmalerei des grossen Saales der benachbarten Safran-Zunft finden. Aber was machen die beiden Putten? Haben sie etwas mit der Confiserie Graf im Parterre zu tun? Nein. Die beiden Büblein schmieden einen Ring. Die Putte links schwingt einen Hammer, jene rechts hält mit einer Zange einen Ring, und das hat seinen Grund. Denn das Haus wurde im Auftrag der Brüder Otto und Anton Dietrich erbaut. Otto Dietrich war Goldschmied und stellte Ringe und Ketten her. Sein Bruder Anton war Uhrmacher. Auch sein Beruf wird übrigens verschlüsselt an der Fassade gezeigt: Die Doppelspitzbögen an den Erkerkanten sind keine gotischen Bögen, sondern Stundengläser.

Freie Strasse 35

32 Aufgeschlüsselt

Das Haus an der Freien Strasse 35 gehört seit Mitte des 15. Jahrhunderts der Zunft zum Schlüssel, die ursprünglich die in Basel ansässigen Grosskaufleute vereinte, vor allem jene, die im gewinnträchtigen Tuchhandel tätig waren. Die ungefähr 200 Mitglieder umfassende Zunft macht es sich zur Aufgabe, für den Unterhalt der Liegenschaft zu sorgen und sie als historisches und denkmalgeschütztes Gebäude zu pflegen. Ebenso liegt der Zunft auch am Herzen, das Gebäude als öffentlich zugängliches Gasthaus in den Dienst der Bevölkerung zu stellen.

Das war nicht immer so. Bis 1883 hatte im Erdgeschoss die «Zinstragende Ersparniskasse» ihren Sitz; erst danach wurde ein Restaurant eingerichtet. Diese Änderung verband man gleichzeitig mit einer grossen Renovation und einem Umbau durch die Architekten Vischer & Fueter; darin eingeschlossen war auch der Einbau eines Zunftsaals im ersten Obergeschoss. So wie es sich heute von aussen präsentiert, zeigt sich das Haus seit der zweiten Hälfte des 18. Jahrhunderts: als Bau mit barockisierter Fassade. Dazu passt der über einen Meter grosse Schlüssel, der wie ein Wirtshausschild an der Wand über der Freien Strasse hängt. Das Zunftemblem stammt aus dem Jahr 1798 und wurde vom Stadtschlosser J. E. Brand gestiftet, der ihn wohl auch hergestellt hat.

Wer genau hinschaut, erkennt auf der Vorderseite des Schlüsselbarts eine Inschrift, in der vom Schlüssel, von Gesellen, Handwerkern und dem Stadtschlosser die Rede ist: «Diesen Schlüssel verehrt H. Bottms sämtlichen Gesellen u. Jünger d: vier vereinbarten Z. Handwerker J.E. Brand, Stadtschlosser, 1796.» Auf der Unterseite sind alle Jahre aufgelistet, in denen Renovierungen am Haus zum Schlüssel vorgenommen wurden, zuletzt im Jahr 2007.

Augustinergasse 2

33 Tragische Schwermut

Es ist das Schicksal jedes grossen Gebäudes – wenn es in einer schmalen Strasse steht, kann es seine Erhabenheit nicht richtig entfalten. So ergeht es auch dem im Jahr 1849 eröffneten Museumsbau von Architekt Melchior Berri an der Augustinergasse. Weil vor ihm ein grosser, weiter Platz fehlt, wirkt seine mächtige Hauptfassade beinahe erdrückend. Der Betrachter mag sie deshalb gar nicht genauer unter die Lupe nehmen, weil er sonst den Kopf allzu sehr nach hinten beugen müsste. Doch die Anstrengung lohnt sich, denn der über die ganze Fassade führende und vom Schaffhauser Bildhauer Johann Jakob Oechslin entworfene Figurenfries zeigt in sieben Terrakottareliefs allegorische Darstellungen von Wissenschaft und Kunst. Im Mittelfeld thront die Basilea als Stadtgöttin. Links davon finden sich nach aussen hin die Darstellungen der Philosophie, der Rechtswissenschaft und der Poesie, während rechts der Basilea die Naturwissenschaft sowie die Mathematik folgen und die schönen Künste Architektur und Skulptur: Vor einer Pyramide sitzt die Personifikation der Architektur; ihr zu Füssen steht ein griechischer Tempel. Flankiert wird sie von zwei Frauen, die eine gotische Kirche und einen klassischen Kuppelbau in Händen tragen. Rechts daneben steht ein Figurenpaar, von dem uns der Mann links besonders interessiert. Es ist niemand anderer als Melchior Berri. Der Architekt des neoklassizistischen Museumsbaus liess sich hier selber verewigen: antikisierend in einer Tunika und mit der rechten Hand auf sein eigenes Werk weisend.

Melchior Berri (1801–1854) war der Sohn eines Pfarrers in Münchenstein. Sein Architekturstudium führte ihn während vieler Jahre ins Ausland – Karlsruhe, Paris, Rom, Pompeji. Dem Zeitgeist entsprechend war er nach seiner Rückkehr nach Basel Architekt und Baumeister zugleich. Ausser dem Museum erinnern die Ehinger-Villa in Münchenstein, sein Wohnhaus in der Malzgasse sowie die ehemalige Abdankungskapelle auf der Rosentalanlage an ihn. Ebenfalls mit dem Namen Berri verbindet sich das «Basler Dybli». Im Rahmen der Reorganisation des Basler Postwesens in den Jahren 1843 bis 1845 erhielt Berri den Auftrag, ein Einheitsmodell für sogenannte Quartierbriefkästen zu entwerfen. Der «Basler Dybli»-Briefkasten entstand. Sechs davon überlebten.

Berris Leben währte nicht allzu lang. Waren es innere Spannungen oder die Enge der kleinstädtischen Verhältnisse? Jedenfalls wurde Berri schwermütig. 1854 nahm er sich das Leben.

Freie Strasse 36

③④ Quasten im Dreieck

Was hat es mit diesem merkwürdigen Zeichen auf sich, das sich am Erker der Liegenschaft Freie Strasse 36 befindet? Im Brüstungsfeld ist ein flacher Gegenstand zu sehen, der links und rechts von einem dreieckigen Netzmuster flankiert ist. Hinzu kommen in der Mitte die beiden Initialen C und B.

Wer genau hinschaut, erkennt in diesem dekorativen und leicht abstrakt wirkenden Zeichen einen flachen Hut mit zwei verschlungenen Kordeln, die in je 15, zu einem Dreieck angeordnete Quasten auslaufen. In der katholischen Kirche ist dieses Zeichen bekannt: Es handelt sich um das heraldische Wappen eines Kardinals. Doch was hat ein solches Wappen in der Freien Strasse zu suchen? Die 1346 erstmals erwähnte Liegenschaft führt seit 1398 den Hausnamen «zem Hut». Später heisst sie «zem roten Hut» und «zum hinteren roten Hut». Und nach dem Konzil in Basel, ab dem Jahr 1487, ist die Liegenschaft als Haus «Zum Kardinal» oder auch «Zum Kardinalshut» bekannt. Möglich also, dass dort während des Konzils (1431–1449) ein Kardinal gewohnt hat.

Im Jahr 1832 ging das Gebäude an den Bierbrauer Wilhelm Eckenstein über, der es zu einem Restaurant und einer Brauerei mit Hintergebäude am Birsig umbauen

liess. Die Brauerei hiess Cardinal und trug als eingetragene Marke das heraldische Wappen eines Kardinals mit dem Monogramm CB – Cardinal-Brauerei. 1880 kam es erneut zu baulichen Veränderungen: Die Brauereigebäude wichen einer grossen Bier- und Konzerthalle. Neun Meter war sie hoch, 400 bis 450 Gästen bot sie Platz und verschiedenen Formationen gab sie eine Bühne: dem Cäcilien-Verein aus München, der «Capelle à la Strauss», dem Komiker Max Allmann mit seiner «humoristisch-satyrischen Unterhaltung à la Saphir» oder einer Wiener Soubrette namens Fräulein Köhler. Im Jahr 1900 wandelte Karl Küchlin den Saal in ein Varieté-Theater um. Und als Küchlin in einen Neubau in der Steinenvorstadt zog, trat 1913 an die Stelle des Varietés ein Kino. Sein Name, wie er ab 1919 an der Falknerstrasse zu lesen war: Alhambra. Inzwischen ist vieles wieder anders geworden. Wo das Kino an der Falknerstrasse war, verkauft heute Orell Füssli seine Bücher, und an der Freien Strasse, wo in den 1920er-Jahren das Kaufhaus «Magazin du Printemps» aus Paris eine Filiale hatte, ist inzwischen Zara eingezogen. Die Fassade von einst hat nach und nach ihre Schmuckelemente verloren. Geblieben ist einzig der Erker mit seiner Neurenaissance-Pilastergliederung und dem Kardinalswappen.

Schlüsselberg 9

35 Eine Miss aus Indien

Es waren einmal zwei Vettern, die nicht nur gemeinsam in der Studentenverbindung Zofingia ihr Bier tranken, sondern auch die gleichen Expeditionsinteressen hatten: Fritz und Paul Sarasin. Nachdem sie ihr Studium in Zoologie abgeschlossen hatten, schifften sie 1883 in Triest ein und reisten nach Ceylon, um im Auftrag des Naturhistorischen Museums Basel eine Sammlung von Säugetierskeletten, Amphibien und Reptilien zusammenzustellen. Drei Jahre blieben sie dort. Als sie 1886 zurückkamen, hatten sie nicht nur Skelette im Gepäck, sondern auch eine junge indische Elefantendame. Es war der erste Elefant im Zoologischen Garten Basel. Entsprechend wurde Miss Kumbuk, wie sie genannt wurde, schnell in der ganzen Stadt bekannt und erhielt 1891 ein im maurischen Stil gebautes Haus, in dem auch die Zebras untergebracht wurden.

In Wertschätzung an Paul und Fritz Sarasin und in Erinnerung an jene Elefantendame, die 1917 das Zeitliche segnete, brachte man im gleichen Jahr am Erweiterungsbau des damaligen Völkerkundemuseums am

Schlüsselberg 9 das Relief eines Elefanten an. Was die beiden Vettern Sarasin angeht, so darf nicht unterschlagen werden, dass sie nicht nur nett zu Elefanten waren. Um die embryonale Entwicklung dieser Tiere zu erforschen, töteten sie zahlreiche trächtige und vermeintlich trächtige Elefantenkühe. Bald sahen sie ein, dass das keinen Sinn machte. Paul Sarasin machte gar eine radikale Wandlung durch, indem er sich fortan vehement gegen Grosswildjagden wandte. Und so kam auf seine Initiative hin auch der Nationalpark in Graubünden zustande.

Münsterplatz 15

36 Schule «auf Burg»

Das Basler Münster ist – wie alle Kirchen – dem Einen geweiht: Gott. Dem Münster gegenüber steht ein Haus, das ebenfalls geweiht ist. Die lateinischen Worte über seiner Eingangstür machen das deutlich: «Moribus et litteris sacrum» – der Charakterbildung und der Gelehrsamkeit geweiht. Es ist der Leitspruch, den sich das heutige Gymnasium am Münsterplatz, die älteste Schule in Basel, einst gegeben hat.

Die Ursprünge der Schule gehen auf das Mittelalter zurück. Damals hatten sich in Basel – wie in anderen Städten auch – die Schulen in der Hand der mächtigen Kirche befunden. In der Art von Stifts-, Kloster- oder Pfarrschulen gab es nicht wenige Lateinschulen – auch eine beim Münster «auf Burg». Im Zuge der Reformation wurde 1529 das Schulwesen in Basel der Obhut des Staates unterstellt. 60 Jahre später blieb als Lateinschule einzig jene «auf Burg»; das Jahr 1589 bildet deshalb das Gründungsjahr des heutigen Gymnasiums am Münsterplatz. Diesen Namen hat die Schule allerdings erst 1997 im Zuge der kantonalen Schulreform erhalten. In früheren Zeiten hiess sie Münsterschule, später Pädagogium, dann Gymnasium und ab 1930 Humanistisches Gymnasium, kurz HG.

Die beiden Buchstaben standen für eine Standesschule, quasi für die Hausschule des

Basler Bildungsbürgertums und der Oberschicht. Sie standen für Elite und exzellente Bildung. Was Eton und Harrow für England war in gewissem Sinne das HG für Basel. Die einst ausschliesslich für männliche Jugendliche zugängliche Bildungsstätte erwarb ihr Ansehen schon früh: Zwischen 1600 und 1900 war sie eine der bekanntesten Schulen im deutschsprachigen Raum; der Philosoph Friedrich Nietzsche lehrte hier ebenso wie der Kulturhistoriker Jacob Burckhardt. Schwerpunktfächer waren Latein, Griechisch und Hebräisch.

Seiner herausragenden, bisweilen selbstgefälligen Stellung konnten auch andere Gymnasien in Basel nichts anhaben, die in der ersten Hälfte des 20. Jahrhunderts

entstanden. Erst der massive Schülerschwund begann an seinem Mythos zu nagen – so sehr, dass Ende der 1980er-Jahre ernsthaft über eine Schliessung der Schule diskutiert wurde.

Das HG überlebte die Krise, nicht zuletzt dank seinem 400-Jahre-Jubiläum im Jahr 1989. Der vormalige Erziehungsdirektor Arnold Schneider stellte dazu die Frage: Grabstein oder Grenzstein? Es sollte ein Grenzstein werden, ein weiterer in der Geschichte dieser über 425-jährigen Schule. Denn das, wofür das HG einst stand – nämlich humanistische Bildung über die Sprachen Latein und Griechisch –, ist heute marginalisiert.

Münsterplatz 9

37 Lachend und tanzend

Wenn sich irgendwo in unserer realen Welt Engel manifestieren, dann in den Kirchen. Wer je barocke Gotteshäuser besucht hat, weiss, dass einem dort bis in die hintersten Winkel gemalte Engel und solche aus Gold oder Stuck begegnen können.

In Basel ist es das Münster, das reich mit diesen himmlischen Wesen ausgestattet ist. Wobei das Hauptportal den Kulminationspunkt darstellt: Ein wahrer Engelsreigen baut sich hier auf. Im äusseren Bogenlauf stehen beidseitig je sechs Engel übereinander, im inneren sind es je neun. Die äusseren Engel ragen mit ihrem Oberkörper aus Masswerktürmchen heraus. Sie agieren mit einer Gebärdensprache aus prägnanten Hand- und Armstellungen. Der eine hält dem Betrachter die Handflächen zu und bedeutet ihm, stehen zu bleiben. Der andere kreuzt seine Arme über der Brust und lächelt verklärt. Ein Dritter hält die Hände zum Gebet und verweist auf die Andacht. Es scheint, als ob diese geflügelten Figuren eine Art Gedankengebäude darstellen. Im inneren Bogenlauf sind die Engel vollfigürlich zu sehen und strahlen eine teilweise unbändige Freude, Vitalität und Dynamik aus. Beinahe ekstatisch werfen einige ihren Kopf zurück. Dabei halten sie alle – teil-

weise abgebrochene – Schriftrollen als Symbol des göttlichen Worts in ihren Händen. Jedem der Engel ist ein Platz in der Natur zugewiesen; hier bewegt sich einer in einem Efeuhain, da sitzt einer vor Weissdornranken, dort kniet einer im Feldahorn und hält mit der einen Hand sein Gewand hoch. Auffallend ist vor allem der vierte Engel von unten auf der linken Bogenseite. Er tanzt, lächelt und scheint die Arme wie ein Flamencotänzer zu halten. Wer ihn näher kennenlernen will, kann das tun. Am Kiosk im Münster ist der Engel in Form einer verkleinerten Kopie zu kaufen.

Münsterplatz 9

㊳ Das Antholops

Endlich lässt sich die wahrscheinliche Geschichte einer Figur erzählen, die sich neben der Galluspforte am Nordquerhaus des Basler Münsters befindet. Eigentlich ist sie nicht sonderlich attraktiv. Schlimmer noch: Sie gleicht eher einem Steinstumpf, der da aus der Mauer nach oben ragt. Man muss schon sehr viel Fantasie aufwenden, um an diesem Stück Stein eine Figur ablesen zu können. Ist es ein Hund? Ein Kalb vielleicht? Oder ein Pferd? Nichts von alledem. Münsterbaumeister Andreas Hindemann bezieht sich auf einen Aufsatz von Clausdieter Schott, einem Fachmann mittelalterlicher Schriften, und geht davon aus, dass es sich um das Antholops, ein antilopenartiges Wesen, handelt. Dieses erscheint im «Physiologus», einer frühchristlichen Naturlehre, die gerne als Regie- und Musterbuch mittelalterlicher Bauskulptur hinzugezogen wurde. Was ist das Antholops? Gemäss «Physiologus» soll es ein Tier sein, das einen dermassen scharfen Sinn hat, dass kein Jäger ihm nahezukommen vermag. Es hat lange, scharf gezackte Hörner in der Form von Sägen. Damit kann es grosse Bäume absägen. Wenn es Durst hat, geht es zum Fluss Euphrat (Paradiesfluss), um zu trinken. Dort aber gibt es ein dichtes und gefährliches Gestrüpp. Spielt das Tier darin mit seinen Hörnern, kann es sich verfangen und nicht mehr entrinnen – und beginnt deshalb zu brüllen. Das hört der Jäger und erschlägt das Tier.

Der «Physiologus» leitet daraus ab: Gleich gehe es dem Menschen, der zwei Hörner hat, nämlich das Alte und Neue Testament, mit deren Hilfe er alle leiblichen und geistigen Laster abzuwehren vermöge. Wenn er aber irdischen Begierden nicht entsagen könne und vom rechten, christlichen Weg abkomme, dann gerate er in die Fallstricke des Teufels und werde schliesslich von diesem getötet. Am Basler Münster kann es sich deshalb durchaus um ein Antholops handeln. Denn über der Galluspforte befindet sich links – als Pendant zum symbolischen Antilopenwesen – der Jäger mit einem Signalhorn. Da dem Münsterbaumeister aber eindeutige Befunde, die für ein Antholops hätten sprechen können, gefehlt haben, hat er Abstand von einer Rekonstruktion genommen und den

ruinösen Zustand der Figur in Form eines Kunststeinabgusses kopieren lassen. Am Grossmünster in Zürich besteht auch eine solche Figurenkombination. Nur deutete man dort in den 1930er-Jahren das Tier als Pferd und rekonstruierte es beziehungsweise interpretierte es auch als solches. Wohl ein Irrtum.

Münsterplatz 9

39 Im Spiel des Windes

Die Figur ist unscheinbar. Und wenn die Kastanienbäume auf der Pfalz mit dichtem grünem Laub bedeckt sind, ist sie noch schwieriger auszumachen. Je nachdem, wie der Wind weht, ist sie gar nur als Strich wahrnehmbar.

Die Engelwetterfahne auf dem Dach des Münsterchors ist im wahrsten Sinne des Wortes entrückt. Nur einmal ist sie dem menschlichen Auge ganz nahe gekommen – damals im Jahr 2002, als der japanische Künstler Tazro Niscino auf Einladung von Littmann Kulturprojekte nach Basel kam und bei einem Stadtrundgang auf das «Mädchen mit einem Röckchen» aufmerksam wurde. Er holte die Figur mit dem Kreuz in die Enge einer Wohnstube, indem er rings um die Figur einen begehbaren Raum samt Fenster bauen liess. Und so wurde der 74 Zentimeter grosse Engel für sechs Wochen weit über die Kantonsgrenzen hinaus zu einem Anziehungspunkt: Über 30 000 Menschen statteten ihm einen Besuch ab. Der damalige Münsterpfarrer Franz Christ schieb: «Der Engel unter dem Kreuz! Das hat mir ein anderes Bild wachgerufen und die Perspektive der

Installation Tazro Niscino noch einmal verändert: Menschen betreten einen Raum und stossen auf einen Engel. Wo gab es das, dass nicht der Engel der Eintretende war, sondern Menschen zu ihm hinkamen? Damals vor den Toren Jerusalems, als früh am ersten Tag die Frauen die Gruft betraten. Und was sagte der Jüngling mit dem weissen Gewand? ‹Er ist hier!›»

Seit wann der Engel über der Kreuzblume auf dem Chordach des Münsters dem Spiel des Windes ausgesetzt ist, bleibt unklar. Möglicherweise hat er seinen Platz um 1400 herum eingenommen. Zunächst besass er nur einen Flügel, dann kam ein zweiter hinzu. Es wird auch angenommen, dass die geflügelte Figur einst eine Trompete, später ein Kreuz in den Händen hielt, während sein Rock

im 18. Jahrhundert schleppenartig verlängert wurde. Der Engel gibt viele Rätsel auf und hat seine Geheimnisse noch lange nicht restlos gelüftet.

Münsterplatz 10–12

㊵ Eine von fünf

Was ins Auge sticht, ist die Fassadengestaltung in der obersten Etage. Vier Wandpfeiler mit Flachreliefs, die mit Blattgold hinterlegt sind, bilden den im Stile der Renaissance gehaltenen Rahmen für eine dreiteilige Rundbogenreihe, in deren Mitte eine Nische gesetzt ist. Sie beherbergt eine Madonna mit Kind.

Es ist ein elegantes Gebäude, der neue Domhof am steilen Münsterberg. Der Architekt Christoph Riggenbach hatte den Flügel 1841 erbaut – im Auftrag des damaligen Liegenschaftsbesitzers Eduard Leonhard Burckhardt. Riggenbach gestaltete die Stirnseite als Schaufassade mit einem hohen Quadermauerfuss, hohen Fenstern und einem Balkon beim Piano Nobile.

Die Immaculata stammt aus der Spätgotik, also aus der vorreformatorischen Zeit (zwischen 1500 und 1525). Und wo sie ursprünglich gestanden hat, weiss man nicht – sicher nicht in dieser Nische, die erst 1577 entstanden war und sich am Vorgängerbau des heutigen neuen Domhofs befunden hatte. Eine Zeichnung des Architekten Riggenbach belegt dies, denn dort ist vermerkt: «Marienbild ehemals an der Façade der Domherren Wohnung bei der Münsterkirchen in Basel.» Riggenbach hat es also noch am Bau von 1577 gesehen.

Die Madonna mit goldenem Strahlenkranz, Krone, langem Haarzopf, Jesuskind und ernstem Gesicht ist eine von fünf in Basel, welche die Reformation von 1528 schadlos überstanden haben und noch heute zum Stadtbild gehören. Neben der Domhof-Madonna befindet sich je eine am

Münster, am Spalentor, auf dem Fischmarktbrunnen und an der dem Rhein zugekehrten Mauer der Pfalz. Die Justitia am Rathaus war ebenfalls einmal eine Maria, wurde aber 1609 vermutlich auf Druck der orthodox-reformierten Geistlichkeit «umgebaut».

Barfüsserplatz 10

41 Messe am «Mutz»

Viele meinen, die Herbstmesse auf dem Barfüsserplatz sei nur jeweils während zweier Wochen im Jahr zu sehen. Das stimmt streng genommen nicht ganz. Es gibt einen unscheinbaren Ort an diesem Platz, wo die Herbstmesse das ganze Jahr über ihren festen Platz hat: an der Fassade des «Braunen Mutz». Direkt unter der Dachtraufe im zweiten Stock finden sich zwischen den Fenstern Herbstmesse-Motive aus vergangenen Tagen. Sechs Szenen sind auszumachen. Ganz links stehen zwei Schüler mit dem Rücken zum Betrachter vor dem Helgen eines Moritatensängers. Daneben sind eine Luftballonverkäuferin und ein Bärenführer zu sehen, um den herum sich zwei Affen vergnügen. Dann folgt eine Schaubühne, auf der ein Clown mit Pauke und eine Tänzerin mit Tambourin ihren Auftritt haben. Eine weitere Szene zeigt Kinder auf einem Karussell und einen Drehorgelmann. Auf dem zweitletzten Bild spielt ein Musikant nicht nur Handorgel, sondern auch Panflöte, Pauke und Tschinelle. Möglicherweise wird er vom Lärm des Standes nebenan übertönt, wo sich Herren im Schiessen üben. Ganz rechts aussen schliesslich beobachtet ein Polizist mit Hund das Kasperlitheater, wo sich ein Soldat mit dem Kasper duelliert.

Geschaffen hat den Bilderreigen und weitere Motive an der Fassade des «Braunen Mutz» der gelernte Dekorationsmaler Franz Baur (1864–1931). In Sgraffito-Technik brachte er 1913, nach Fertigstellung des Baus von Rudolf Sandreuter, die Bilder an. Zunächst wurde ein schwarzer Verputz aufgetragen, der mit weisser Kalktünche übermalt wurde. Dann ritzte der Künstler die Bildmotive in den weissen Anstrich, sodass sie schwarz hervortraten.

Franz Baur war damals in Basel kein Unbekannter mehr, hatte er doch zwischen 1903 und 1904 zusammen mit Wilhelm Balmer die hofseitige Wand des neuen Grossratsgebäudes malerisch gestaltet.

Kohlenberg 17

㊷ Symbol der Bildung

Das Haus ist in seiner imposanten Grösse nur vom Steinenberg aus zu sehen. Sonst ist von ihm – wenn überhaupt – bloss sein oberster Teil zu erkennen: ein viereckiger Uhrenturm, dessen Dach von einem achteckigen, leicht verspielten Türmchen gekrönt wird.

Normalerweise ist ein Gebäude dieser Monumentalität für ein Museum gedacht, für ein Gericht vielleicht oder für das Parlament. Dieses Gebäude oben am Kohlenberg steht für etwas anderes: für Bildung. Denn untergebracht ist in diesem hoch aufragenden Jugendstilbau das Gymnasium Leonhard.

Rein baulich gesehen hat kein anderes Gymnasium im Stadtbild diesen herausragenden Stellenwert. In zweifacher Hinsicht ist dieses Gymnasium von Bedeutung. Einerseits steht es für die Basler Mädchenbildung, andererseits symbolisiert es exemplarisch die grosse Bedeutung der Schulbildung um die Wende vom 19. zum 20. Jahrhundert. Um jene Zeit herum entstanden in Basel zahlreiche Schulhäuser mit Palastcharakter; das heutige Gymnasium Kirschgarten gegenüber dem Bahnhof SBB gehört hier ebenso dazu wie das Theobald-Baerwart-Schulhaus am Unteren Rheinweg oder das Isaak-Iselin-Schulhaus an der Strassburgerallee. Das Gymnasium Leonhard oben am Kohlenberg verkörpert diese Bildungsfront, indem es sich mit seinem Türmchen auf die gleiche Höhe wie das gegenüberliegende Münster auf dem Münsterhügel stellt. Das Gebäude des Gymnasiums Leonhard steht aber eben nicht nur für die Schulbildung im Allgemeinen, sondern für die Mädchenbildung im Besonderen. Es ist die Krönung einer in Basel sich entwickelnden Mädchenschule, die 1813 ihren Anfang nahm.

Initiantin war die 1777 entstandene Gesellschaft für das Gute und Gemeinnützige (GGG). Sie startete 1813 eine sogenannte Töchterschule, die wegen ihres Erfolgs immer wieder grössere Räumlichkeiten suchen musste, bis sich 1884 in einem neu eröffneten Gebäude auf dem Kohlenberg der endgültige Standort fand. Die Schule baute ihre Angebote in verschiedene Richtungen aus: 1899 kam die Gymnasialabteilung hinzu und 1909 wurde die Töchterschule – im Volksmund «Affenkasten» genannt – nach Plänen von Theodor Hünerwadel durch ebendiesen Jugendstilbau mit seinem Uhrenturm erweitert. Mit dem Schulgesetz von 1929 erhielt die Schule den Namen «Mädchengymnasium» und wurde in drei Abteilungen aufgeteilt: Gymnasium, Realschule, allgemeine Abteilung. Heute ist es ein reines Gymnasium und trägt den Namen: Gymnasium Leonhard.

Kanonengasse 10

43 Macht hoch die Tür

Als ehemaliger Schüler des Gymnasiums Leonhard habe ich die Tür nie wirklich wahrgenommen. Für uns war dieser schmale Gebäudetrakt, der wie ein Wurmfortsatz am linken Ende des Gebäudes der ehemaligen Töchterschule hängt, inexistent. Denn er ist mehrere Meter zurückversetzt und daher vom Pausenhof aus eigentlich gar nicht direkt sichtbar. Zudem spielt das Parterre in diesem schmalen Teil des Schulhauses an der Kanonengasse für die Schüler keine Rolle, denn es wird nie genutzt.

Und doch ist da diese hohe Tür. Sie misst in der Höhe über vier Meter, und der steinerne Türrahmen reicht mit seiner oberen Kante bis zum Boden des ersten Stocks, endet also auf gleicher Höhe wie die beiden imponierenden Haupteingangstüren. Weshalb nur ist diese doppelflügelige Porte dermassen hoch? Ist der dahinter liegende Raum schuld? Wurden dort einst grosse Gegenstände aufbewahrt? Fanden hohe Wagen darin Platz? Ein Feuerwehrauto gar?

Nichts von alledem. Die Höhe der Tür kommt daher, dass sie sich an die architektonischen Masse der Fassadenstruktur anpasst. Der fünf Meter hohe, hallenartige Raum dahinter hatte früher ganz einfach als Durchgang gedient: als Korridor zur Turnhalle, die einst hinter dem Schulhaus gestanden hatte. Diese Turnhalle war für die Buben der Spalen- und Leonhardsschule bestimmt gewesen. Alte Fotos zeigen deshalb auch einen Zaun, der einst den Pausenhof der Töchterschule vom

Weg zum Durchgangstor getrennt hatte und somit verhinderte, dass sich die Buben und Mädchen zu nahe kommen konnten. Zudem belegen Pläne aus den 1880er-Jahren, dass am Ende des Durchgangs neben Toiletten auch Pissoirs eingebaut wurden; Korridor und Turnhalle waren also in der Tat für Buben bestimmt.

Was damals in diesem Durchgang alles so vor sich gegangen ist – es bleibt unserer Fantasie überlassen. Bemerkenswert ist immerhin, dass in diesem Durchgang auf mehr als zwei Meter Höhe ein grosses Fenster die Wand durchbricht und eine Verbindung zum Schulhausgang im Hochparterre schafft. Die Mädchen konnten also während der Pausen auf den Gang hinausgehen, ans Fenster treten und nach unten in den Durchgang blicken, während die Buben das Fenster wie

eine Art Balkon wahrnahmen. Ob da Briefbotschaften die Hand wechselten? Ob manchmal aus «Romeo und Julia» zitiert wurde? Oder gar Gitarrenklänge an die Ohren der Mädchen drangen? Wir werden es nie erfahren.

Steinengraben 41

44 Legendärer Stein

Es könnte sich um die Darstellung eines antiken mythologischen Stoffes handeln. Ernst Suter (1904–1987) inszenierte auf dem Steinrelief drei nackte Krieger in der Art von Figuren, wie sie beispielsweise am Pergamonaltar zu finden sind.

Doch es handelt sich nicht um ein Motiv aus der griechischen Sagenwelt. Suter hat für das Verwaltungsgebäude der ehemaligen National-Versicherung am Steinengraben 41 ein Thema der regionalen Geschichte ausgewählt: die Schlacht zu St. Jakob. Das Relief hatte 1944, im Jahr seiner Vollendung, mit dem Titel «St. Jakob an der Birs» einen ganz besonderen Stellenwert. Einerseits jährte sich zum 500. Mal eben jene Schlacht, andererseits stand das Relief in einer Reihe von Beiträgen, welche die geistige Landesverteidigung während des Zweiten Weltkriegs zum Ausdruck brachten.

Die Schlacht zu St. Jakob ereignete sich im Jahr 1444. Die Eidgenossen kämpften vor den Toren der Stadt Basel gegen die Armagnaken, welche die Belagerung der Stadt Zürich durch die Eidgenossen beenden wollten. Es war eine äusserst blutige Sache. Die zahlenmässig den Armagnaken weitaus unterlegenen Eidgenossen verloren, kaum einer überlebte. Dennoch wurde die Niederlage zum Sieg hochstilisiert, zumal der französische Dauphin, der den Armagnaken als Heeresleiter vorstand, angesichts der gewaltigen Verluste in seinen eigenen Reihen auf eine Fortsetzung seines Vormarsches Richtung Zürich verzichtete. So wie die Figur des Winkel-

ried in der Schlacht von Sempach als Personifikation des eidgenössischen Widerstands hervorging, so hatte auch die Schlacht von St. Jakob die Legende eines mutigen, wiewohl unbekannten Soldaten hervorgebracht: Ein Burkhard Münch soll über das Schlachtfeld geritten sein, das Visier hochgeklappt und schnippisch zu den Eidgenossen gesagt haben: «Ich blicke in einen Rosengarten, den meine Vorfahren vor hundert Jahren gepflanzt haben.» Worauf ein verblutender Eidgenosse dem Ritter einen Stein in das offene Visier schleuderte und zurief: «Friss eine deiner Rosen!» Die Figur ist auf dem Relief zu sehen, wie sie in der Mitte am Boden kniend einen Stein aufnimmt und zum Ritter aufschaut.

Noch lange nach dem Zweiten Weltkrieg wurde in Basel jene Schlacht regelmässig mit einer Feier beim St.-Jakob-Denkmal in Erinnerung gerufen – zum letzten Mal 1994.

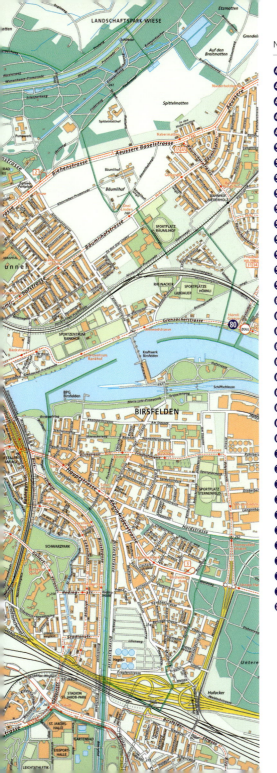

Nummer Karte		Seite
㊺	Theaterstrasse 22	98
㊻	Elisabethenstrasse 14	100
㊼	St. Alban-Graben 16	102
㊽	St. Alban-Vorstadt 35	104
㊾	Grossbasler Rheinufer	106
㊿	Castellio-Weglein im St. Alban-Tal	108
51	Picassoplatz	110
52	Aeschenplatz 7	112
53	St. Jakobs-Strasse 6	114
54	Elisabethenstrasse 23	116
55	Kirschgartenstrasse 31	118
56	Hermann-Kinkelin-Strasse	120
57	Centralbahnplatz	122
58	Nauenstrasse 30	124
59	Nauenstrasse	126
60	Gundeldingerstrasse 419	128
61	Pfeffingerstrasse/Hochstrasse	130
62	Centralbahnstrasse 10	132
63	Birsigviadukt	134
64	Schützenmattstrasse 49	136
65	Euler-/Socinstrasse	138
66	Kannenfeldstrasse 35	140
67	Largitzenstrasse 33	142
68	Vogesenstrasse 145	144
69	Lothringerstrasse 134	146
70	Hochbergerstrasse 134	148
71	Unterer Rheinweg 44/46	150
72	Utengasse 36	152
73	Oberer Rheinweg	154
74	Lindenberg 1	156
75	Oberer Rheinweg	158
76	Rosentalstrasse 20	160
77	Schönaustrasse 55	162
78	Schwarzwaldallee 215	164
79	Schwarzwaldallee 200	166
80	Grenzacherstrasse 542	168

Theaterstrasse 22

㊺ Pendant zum Atlant

Ende der 1990er-Jahre war ungewiss, ob das Haus noch lange stehen würde. «Wann fällt die Engelsburg?» titelte die «Basler Zeitung». Von einem Boulevard vis-à-vis des Theaters war damals die Rede und damit vom Abriss der altehrwürdigen Häuserzeile zugunsten einer zurückgesetzten Gesamtüberbauung. Doch nun steht das Haus «Engelsburg» an der Theaterstrasse 22 immer noch. Zum Glück für Nostalgiker und all jene Menschen, die an alten Häusern früherer Zeiten das eine oder andere Detail zu schätzen wissen.

Gestaltet hatte die Fassade 1919 der Basler Architekt Heinrich Flügel. Er verpasste dem aus dem Jahr 1877 stammenden Bau nicht nur eine neue «Haut», indem er die bereits im Vorgängerbau angelegten Renaissanceformen akzentuierte, sondern er richtete das Gebäude auch ganz auf die Strassenecke hin aus mit einer reich an Säulen und Pilastern gerahmten Fensterachse.

Als besonders hervorstechendes Merkmal erweisen sich die beiden Frauenfiguren im ersten Stock, die auf ihrem Kopf den Balkon darüber tragen. Engelsgleich stehen sie da, ruhig und würdevoll. Es sind jedoch keine Engel, auch wenn man des Hausnamens wegen vielleicht darauf schliessen könnte.

Es handelt sich um sogenannte Karyatiden. Das Wort stammt aus dem Griechischen, meint «Frau aus Karyai» und bezeichnet eine weibliche Skulptur mit tragender Funktion in der Architektur. Karyatiden ersetzen in der Baukunst Säulen oder Pfeiler bei Portalen und – wie bei der «Engelsburg» – in der Fassadengliederung; sie tragen Ziergiebel, Balkone oder Dächer. Bekanntestes Beispiel

aus der Antike ist das Erechtheion auf der Akropolis in Athen: ein Tempel, dessen Vorhallendach von sechs Karyatiden getragen wird.

Die Gleichsetzung einer Säule mit dem schlanken Wuchs einer Frau war im antiken Griechenland eine geläufige Vorstellung und wurde skulptural entsprechend gestaltet: als Mädchen mit gerader, eleganter Körperhaltung, meistens seitlich angelegten Armen und einem Gewand, dessen senkrechte Falten an die Kannelierung der Säulen erinnert.

Übrigens galt in der Architektur von damals nicht nur die Frau als Lastenträgerin. Wenigstens auf diesem kleinen Feld herrschte schon damals Gleichberechtigung: Das männliche Pendant zur Karyatide ist der Atlant, der titanische Himmelsträger in der griechischen Mythologie.

Elisabethenstrasse 14

46 Blume aus Stein

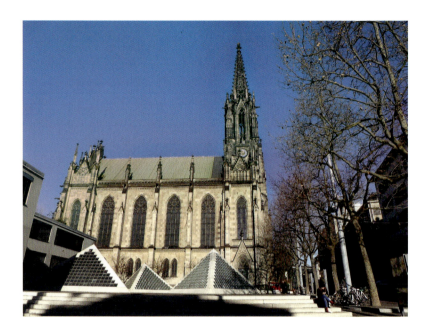

Nach oben schauen kann anstrengend sein – nicht nur körperlich, sondern auch geistig. Man kommt sich schnell so klein und minderwertig vor, doch genau das wollen all die hohen Bauten. Seien es Stadttore, Schlosstürme, Hochhäuser oder Kirchen: Sie alle sind Zeichen der Grösse, der Macht und Herrschaft.

Die Elisabethenkirche steht in Basel am höchsten Punkt und ihre Kreuzblume auf der Turmspitze ist absolut top. Ein höher gelegenes Kunstwerk sucht man in Basel vergebens. Am 20. Oktober 1865 fand ihre Einsetzung statt. Seither schwankt diese Blume ganz leicht gut 70 Meter über dem Boden und überragt damit ihre Konkurrentinnen auf den beiden Münstertürmen. Gut vier Meter hoch und aus drei Sandsteinblöcken gehauen, setzt die mit jugendstilhaft geschwungenen Linien versehene Kreuzblume der Elisabethenkirche die Krone auf.

Für den genauen Beobachter entzieht sich die entrückte Skulptur einer eingehenden Betrachtung; bildhauerische Details sind von der Strasse aus nur schwer zu erkennen – vor allem auch deshalb, weil der einst hellgraue Sandstein über die Jahrzehnte dunkel geworden ist. Immerhin kann man sehen, dass aus dem achteckigen und mehr als einen halben Meter dicken Stängel vier grosse akanthusförmige Blätter rüschenartig

ausgreifen. Aus ihnen entspringt überkreuz ein weiteres Blattquartett, aus dem der schlichte Stempel seinen Kopf hebt.

Entworfen hatte die im neugotischen Stil gehaltene Kirche der Zürcher Kirchenbauer Ferdinand Stadler. Bei seiner Basler Arbeit liess er sich vom Kölner Dom inspirieren.

St. Alban-Graben 16

㊼ Ewige Fasnacht

Eigentlich findet die Basler Fasnacht nur während dreier Tage im Jahr statt, doch es gibt eine Stelle in der Stadt, wo das ganze Jahr das Piccolo gepfiffen und die Trommel geschlagen wird: am Kunstmuseum. Wer den Blick auf dessen Arkade richtet, kann sie sehen, die Trommler und den einen Pfeifer. Sie befinden sich am dritten Kapitell von links.

In den Stein gehauen hat sie der Basler Bildhauer Carl Gutknecht (1878–1970). Der vierkantige Säulenabschluss zeigt vorne zwei Tambouren, die mit ihren Schlägeln, die so kurz sind wie Zigarren, das Schlagfell der gespannten Trommeln bearbeiten. Links, über das Eck, ist eine Figur zu erkennen, die ein Piccolo trägt.

Alle vier Seiten des Kapitells befassen sich mit der Fasnacht. Ein Zivilist ist unter anderem ebenso zu sehen wie ein müder Harlekin und ein Liebespaar, das von einer Maskierten hinter einem Paravent beobachtet wird.

Die Fasnacht ist im Übrigen nicht das einzige baslerische Thema, das an den insgesamt acht, zwischen 1937 und 1941 entstandenen Kapitellen zu finden ist. Ganz links – von Jakob Probst geschaffen – streckt der Vater Rhein seinen Arm aus. Rechts neben den Tambouren hat Ernst Suter die Baugeschichte des Kunstmuseums festgehalten, das dritte Kapitell von rechts, von Adolf Weisskopf künstlerisch bearbeitet, widmet sich dem Kleinbasler Brauchtum des Vogel Gryff mit seinen Figuren Leu, Wild Maa, Vogel Gryff und Ueli. Und rechts aussen kommt Basels Kunst und Wissen-

St. Alban-Graben 16

schaft zum Zuge; Ernst Suter hat hier den Maler Numa Donzé (1885–1952) und den Kunsthistoriker wie Basler Denkmalpfleger Rudolf Riggenbach (1882–1961) verewigt.

Wer von Carl Gutknecht noch andere Skulpturen in Basel sucht, findet durchaus welche. Der Schifflände-Brunnen mit dem sitzenden Buben, der einen Fisch in der Hand hält, ist ebenso von ihm wie der stehende Knabe aus Bronze an der Rheinpromenade beim Solitude-Park.

St. Alban-Vorstadt 35

㊽ Beständiges Grün

Der Lindenbaum mitten auf der Strasse in der St. Alban-Vorstadt ist nicht nur Verkehrsteiler, indem er auf die Abzweigung des Mühlebergs aufmerksam macht. Er grüsst auch eine Kollegin. Sie befindet sich an der Fassade des Hauses mit der Nummer 35. Es ist eine Tanne, die aus einem Blumenbeet emporwächst.

«Zum hohen Dolder» steht darunter und man könnte meinen, der Name beziehe sich auf die hohe Tanne und sei eine alte Bezeichnung derselben. Doch dem ist nicht so. Gemeint sind das Haus und mit ihm dessen Besitzerin: die Vorstadtgesellschaft zum hohen Dolder. Sie hatte – wie andere Vorstadtgesellschaften einst auch – die Aufgabe, das Quartier zu kontrollieren, die Stadtmauer zu bewachen und Brände zu verhüten sowie bei Händeln einzuschreiten.

Der Name der Gesellschaft richtete sich jeweils nach dem Haus, in dem sie ihre Stube hatte. Einmal hiess sie «Gesellschaft zum Esel», ein andermal «Gesellschaft zum Lindenturm». Als die Gesellschaft deshalb 1503 das Haus zum hohen Dolder kaufte, nannte sie sich «Vorstadtgesellschaft zum hohen Dolder».

Das Haus hatte seinen im Laufe der Zeit leicht abgeänderten Namen von Johannes zum Tolden erhalten. Dieser war Nutzer der Liegenschaft gewesen.

Auf ihn ist wohl auch die Tanne zurückzuführen, die sich in seinem Familienwappen befunden hatte. In der Heraldik steht die immergrüne Tanne für Beständigkeit und Treue.

Der an der Hausfassade erscheinende, hochstämmige Nadelbaum wurde 1935 aufgemalt, als die Liegenschaft eine umfassende Sanierung erfuhr. Bei diesen Arbeiten wurden im Erdgeschoss nicht nur gemalte Wappenschilder aus dem 16. Jahrhundert entdeckt. Im ersten Stock kam an der einen Längswand der grossen Stube auch ein Gemälde zum Vorschein, das Tells Apfelschuss, den Rütlischwur und den Tellsprung zeigt und in den 1540er-Jahren von Maximilian Wischack gemalt wurde. Es handelt sich um eine der ältesten, wenn nicht gar um die älteste Darstellung des eidgenössischen Gründungsmythos überhaupt.

Grossbasler Rheinufer

49 Ein bisschen Seine

Eigentlich fehlen auf dieser Höhe des Rheins am ruhigen Grossbasler Ufer bloss noch ein paar dieser Bouquinisten, dieser kleinen Buchläden, und die Kopie des Seine-Ufers wäre beinahe perfekt. Denn etwa hundert Meter unterhalb des 1898 erbauten Rheinbads Breite ist im Jahr 1913 eine auf ihre Weise repräsentative Rheinquaimauer errichtet worden – mit zwei Treppen, die in symmetrischer Weise zueinander hin und zum Bord des Flusses führen. Von dort lässt sich in aller Gemütlichkeit dem Rhein entlang auf- und abwärts flanieren.

Dass dort damals noch eine Schifflände bestand, ist an den Ringen zu erkennen, die an der Wand befestigt sind und an denen die Taue der Boote festgemacht wurden.

Heute sind diese beiden Treppenabgänge im Sommer so sehr begrünt, dass man auf der einen, romantisch von Büschen und Pappelästen verhangenen Seite beinahe nicht mehr hinunterkommt. Der Abgang lohnt sich auf jeden Fall, denn man tritt nicht nur auf einen relativ grosszügig angelegten Platz, sondern findet auch einen kleinen Brunnen aus Degerfelder-Sandstein, der auf zwei Seiten an die Stützmauer anlehnt.

Wer diesen Brunnen geschaffen hat, ist nicht bekannt. In einem unpublizierten Typoskript aus dem Jahr 1968, das sich bei der Basler Denkmalpflege befindet, steht lediglich: «Die freistehende Ecke des Troges ist abgeschrägt, der Ausguss mit einer steinernen Fratze verziert.»

Diese Maske allerdings ist nicht einfach irgendeine Fratze. Mit den beiden gewundenen Bockshörnern, dem Schnauz und dem Backenbart kann sie sehr gut als Kopf eines Satyrs gedeutet werden. Satyrn sind in der griechischen Mythologie Dämonen, die zum Gefolge des Dionysos, des Gottes des Weines, der Fruchtbarkeit und Eksta-

se, gehören. Genaues über die Herkunft dieser Mischwesen ist nicht bekannt. Gemäss dem griechischen Dichter Hesiod, der um 700 vor Christus lebte, sollen die Satyrn das männliche Prinzip gegenüber den Nymphen vertreten haben, unter denen sich auch Wassernymphen befanden. Ein direkter Bezug zu unserem Satyrkopf lässt sich beim Apollontempel in Thermos aus dem 6. Jahrhundert vor Christus ziehen. Von dort stammt ein Wasserspeier in Form eines Satyrkopfes.

Übrigens: In der römischen Mythologie gibt es eine satyrsche Entsprechung – den Faun. Hierzu besitzt die Skulpturhalle Basel den Abguss des sogenannten Barberinischen Fauns. Das Original befindet sich in der Glyptothek in München und ist dort eine der Hauptattraktionen.

Castellio-Weglein im St. Alban-Tal

⑩ Flucht vor Calvin

Seit Jahrzehnten ist ein kleiner, beschatteter Treppenweg zwischen der St. Alban-Vorstadt und der St. Alban-Kirche nach ihm benannt. Nun erinnert seit 2016 auch eine elegante Gedenktafel an den Humanisten Sebastian Castellio (1515–1563). Sie ist an der Wand beim unteren Eingang des Castellio-Wegleins angebracht, gleich gegenüber der St. Alban-Kirche. Initiiert hat sie die Gruppierung «Basler Bürger für eine Castellio-Gedenktafel», denn sie fand, dass dem ersten klaren Verfechter des religiösen Toleranzgedankens mehr als nur ein Strassenschild zustehe.

Tatsächlich kämpfte der humanistische Gelehrte und protestantische Sebastian Castellio zeitlebens gegen diktatorische Macht. Genauer: gegen seinen anfänglichen Freund und späteren Verfolger, den Theokraten Johannes Calvin. Auslöser für diesen Kampf war, dass der protestantische Theologe Calvin in Genf veranlasst hatte, den spanischen Arzt Michael Servetus hinzurichten, weil dieser es gewagt hatte, Calvins Trinitätslehre in einigen Punkten infrage zu stellen.

Es sollte nicht der einzige Fall bleiben; auch in zahlreichen weiteren war der unnachgiebige Johannes Calvin hauptverantwortlich für Verbannungs- und Hinrichtungsurteile gegen Menschen, die seine Glaubenslehre nicht teilten.

Nach Servetus' Tod unterzog Sebastian Castellio Calvins theokratisches System einer vernichtenden Kritik und formulierte unter anderem den berühmt gewordenen und auch die Gedenktafel zierenden Satz: «Einen Menschen töten heisst nicht, eine Lehre zu verteidigen, sondern einen Menschen töten.» Damit machte er sich Calvin zu seinem erbitterten Feind.

Um nicht wie Servetus auf dem Scheiterhaufen zu landen, flüchtete Castellio von Genf nach Basel, wo er mit seiner Familie mehr schlecht als recht die letzten 18 Jahre seines Lebens verbrachte – unter anderem als Professor für griechische Sprache und als Verfasser pädagogischer, philologischer und theologischer Schriften.

Calvin liess nichts unversucht, Castellio in seine Fänge zu bekommen. Sein Arm reichte über Späher und den Genfer Reformator Théodore Bèze bis nach Basel. Der Druck auf Castellio wurde so gross, dass dieser sich überlegte, nach Polen-Litauen

auszuwandern. Schliesslich kam es zur Anklage gegen Castellio, doch das Urteil sollte der erst 48-Jährige nicht mehr erleben. Der gesundheitlich Angeschlagene starb vorher, am 29. Dezember 1563, und entging dadurch einer möglichen Verurteilung.

Picassoplatz

51 Auf allen vieren

Es ist zwar nicht gerade ein Unort, doch man würde die Ecke auch nicht als Schönheit bezeichnen. Tagein, tagaus stehen hier immer wieder Lieferwagen, und weil der Weg an der hinteren Seite des Picassoplatzes so gut wie nie von Passanten genutzt wird, dient er als bequeme Abstellfläche. Dabei ist diese Ecke durchaus einen genaueren Blick wert.

Das Einzigartige liegt am Boden, direkt an der Rückseite des Kunstmuseums: zwei steinerne Figuren auf allen vieren. Ihre Rücken tragen die Säulen, die wiederum ein Vordach stützen, unter dem man ins Entree des Vortragssaals des Museums gelangt.

Die linke Figur ist eine Katze, sieht aber aus wie ein Mensch, der seinen Oberkörper auf die Ellbogen gestützt hat. Staunend blickt das Tier zu seinem Gegenüber. Sieht es in ihm seinen eigenen Schöpfer? Der Mann mit Pferdehinterteil und Schildmütze hat den Kopf in die linke Hand gelegt, während er in seiner Rechten einen Knüpfel hält, ein hammerähnliches Werkzeug, mit dem der Bildhauer auf den Meissel schlägt.

Erschaffen haben die kuriosen Säulenträger im Jahr 1936 die Basler Bildhauerbrüder Franz und Paul Wilde. Sie stellen damit einen ironischen Bezug zu romanischen Kirchen her, wo die säulentragenden Löwen – als böse Mächte in den Dienst der Kirche gestellt – das Gotteshaus bewachen und Unheil abwehren sollen. Das Mahnwort Isaaks von Antiochien, eines christlichen Theologen aus dem 5. Jahrhundert, hört sich wie eine Beschreibung dieser Löwen an: «Er (der Teufel) ist ein Löwe, den die (göttliche) Gerechtigkeit gefesselt hat und an ihren Pforten als Schreckmittel niederkauern lässt, damit er sich dessen bemächtige, der sich ihrem Joch entziehen will.»

Am Chor des Basler Münsters sind es nicht nur Löwen, sondern auch Elefanten, die Säulen tragen. Laut Münsterpfarrer Lukas Kundert stammen die Elefanten aus einer Geschichte des «Physiologus», einer frühchristlichen Naturlehre. In dieser wird erzählt, dass die Elefanten ohne Knie sind und sich deshalb zum Schlafen nicht hinlegen dürfen, weil sie sonst nicht mehr aufstehen können. Um zu schlafen, müssen sie sich an einen Baum lehnen. Der Feind der Elefanten

aber hat herausgefunden, an welchen Baum sie sich lehnen. Er sägt den Stamm an, sodass die Elefanten umfallen. Doch dann kommt ein kleiner Elefant, der den grossen wieder auf die Beine hilft. Die mächtigen Tiere sind danach zwar nicht besser, aber sie sind wieder aufgerichtet – in ihrer Versehrtheit. Das, so Kundert, ist die Grunderkenntnis des Christentums: «Wahrheit bedeutet Versehrtheit.»

Aeschenplatz 7

52 Den Feind im Visier

Wer den verkehrsreichen Aeschenplatz überquert, muss höllisch aufpassen. Auf niemanden ist Verlass. Weder auf die anderen Fussgänger noch auf die Autos, Trams und Busse, und schon gar nicht auf die Velofahrer. Nur auf den mehr oder weniger sicheren Traminseln kann man in Ruhe den Blick über die Häuser schweifen lassen, die im letzten Jahrhundert rings um den Aeschenplatz hochgezogen worden sind.

Das älteste ist jenes mit der Nummer 7, ein für seine Zeit äusserst repräsentatives Geschäftshaus von respektabler Grösse. Errichten liess es die Versicherungsgesellschaft Bâloise in den Jahren 1910 bis 1913 als eigenes Verwaltungsgebäude vom Architekturbüro Eduard Vischer und Söhne.

1926 und 1935 folgten von denselben Architekten Erweiterungsbauten an der Dufourstrasse und am Brunngässlein.

Bemerkenswert ist das Türmchen auf dem Dachfirst. Von der Strasse aus scheint es nicht mehr als ein kleines Dekorationselement, wie es zu jener Zeit häufig in der Architektur zum Zuge kam, aber es ist mehr als das. Der Turm ist begehbar: Der kleine sechseckige Aufsatz mit Kuppel weist ein winziges Zimmer mit sechs Fenstern auf, in dem im besten Falle drei schwindelfreie Menschen eng beisammen stehen können.

Es liesse sich deshalb durchaus vorstellen, dass sich der eine oder andere in diesem Haus Tätige dort ab und zu eine Zigarettenpause gönnte. Denn der Blick von dort oben ist atemberaubend. Nicht umsonst ist beim einen Fenster eine Kamera in der Grösse eines Fernrohrs angebracht, die auf den Aeschenplatz hinunter gerichtet ist – eine sogenannte Webcam.

Schon vor Jahrzehnten war man sich der Ausguckqualität dieses Dachaufsatzes bewusst gewesen: Während des Zweiten Weltkriegs diente der kleine Turm dem Militär als Beobachtungsposten. Man hat von dort nämlich einen hervorragenden Rundblick – in die Schweiz, nach Deutschland und Frankreich. Entsprechend konnten von dort die Soldaten auch allfällige Gefechtsbewegungen erkennen, weshalb das Turmzimmer mit Telefonanschlüssen ausgerüstet war, die es erlaubten, den verantwortlichen Strategen der Schweizer Armee militärische Bewegungen jenseits der Landesgrenze zu übermitteln.

St. Jakobs-Strasse 6

53 Hölzerner Zeitzeuge

Es sieht eigentlich ganz hübsch aus. Sein Vordach ruht auf schmiedeeisernen, schlanken Säulen, sein Dach wird als Walmdach bezeichnet, weil es sich nach allen vier Seiten absenkt. Bauhistorisch ist das Gebäude ein Vertreter des romantischen Klassizismus und wurde 1867 vom damaligen Kantonsbaumeister Ludwig Calame errichtet. Sein Standort, an der St. Jakobs-Strasse 6, befindet sich direkt im Schatten des am Aeschenplatz stehenden Botta-Baus. Die Liegenschaft dient heute als Stützpunkt der Basler Polizei, doch wurde sie ursprünglich für einen ganz anderen Zweck gebaut: als Verwaltungsgebäude und Gärtnerwohnung des Botanischen Gartens. Damals befand sich der Botanische Garten der Stadt Basel nämlich noch nicht beim Spalentor, sondern von 1838 bis 1898 parallel zum Aeschengraben; er reichte von der St. Jakobs-Strasse in einem langen Band bis zum Parkweg.

Zu jener Zeit bestand bei den Botanikern nicht nur Interesse an einheimischen, sondern auch an exotischen Pflanzen. Und ein paar wenige dieser Exoten von damals existieren noch heute: drei Ginkgobäume, zwei Scheinzypressen, eine Silberlinde und – als grösster von allen – ein Mammutbaum.

Erstmals kam ein solcher in Amerika heimischer Urweltbaum, der bis zu 3000 Jahre alt werden kann, im Jahr 1853 nach Europa. Derjenige an der St. Jakobs-Strasse wurde um 1860 herum gepflanzt. Er war nicht der Einzige in

Basel. Es gehörte damals zum guten Ton, englische Parkanlagen mit einem solchen Mammutbaum zu bereichern. Deshalb finden sich noch heute einige solche Exemplare auf Kantonsgebiet – unter anderem im Botanischen Garten beim Spalentor, im Park des ehemaligen Riehener Gemeindespitals, im Iselin-Weber'schen Landgut in Riehen sowie im Park der Klinik Sonnenhalde, ebenfalls in Riehen.

In ein gewisses Zentrum des Interesses rückte der Mammutbaum an der St. Jakobs-Strasse um das Jahr 2005. Damals entschloss man sich, neben dem Baum eine Autoeinstellhalle zu bauen, doch beim Aushub kam den Arbeitern das massive Wurzelwerk des Mammutbaums in die Quere. Aus Schutzgründen stand eine Fällung ausser Frage. Was tun? Ein Spezialist aus Amerika wurde eingeflogen, der entschied, wie das Wurzelwerk zurückzuschneiden sei, ohne den Mammutbaum ernsthaft zu gefährden. Neben der Wurzelbehandlung wurde gleich auch noch der Efeu weggeschnitten, der den Mammutbaum bis zu seiner Spitze einengte. Etwa zwei Tonnen schwer war der Efeu – für den Mammutbaum eine grosse Belastung. Seit der Efeu weg ist, entwickelt sich der Baum wieder besser.

Elisabethenstrasse 23

54 Mit Hund und Harfe

Die Ecke ist eigentlich immer ein wenig schattig und dunkel. Überhaupt: Selten fällt ein direkter Sonnenstrahl dorthin. Wenn sich Passanten an jenem Ort bewegen, wo die Henric-Petri-Strasse auf die Elisabethenstrasse trifft, dann tun sie das stets mit Vorsicht. Der Verkehr zwingt sie, auf die Strasse zu achten. Was sich über ihren Köpfen tut, ist in diesem Moment nicht von Belang.

Und so kommt es, dass nicht nur die Fussgänger das Kunstwerk an der Fassade übersehen, sondern dass auch manche, die in diesem Haus arbeiten und hier ein und aus gehen, nichts davon wissen. Drei Meter über dem Boden erhebt sich auf einer schmalen Steinkonsole eine mehr als 2,5 Meter grosse Bronzeskulptur. Seit 1949 schon lehnt sie sich dort an die Wand.

Ihr Erschaffer war der Basler Künstler Alexander Zschokke (1894–1981), dem die Stadt Basel unter anderem den Brunnen «Drei Lebensalter» beim Kunstmuseum zu verdanken hat und die Monumentalplastik «Lehrer und Schüler» vor dem Kollegienhaus der Universität.

Elisabethenstrasse 23

Am Haus, wo der Basler Gewerbeverband seine Büroräumlichkeiten hat, sind zwei biblische Figuren dargestellt: Saul und David. Was tun die beiden? Der stehende Hirtenjunge und spätere König David hält – so müssen wir es uns bei seiner Arm- und Handhaltung vorstellen – eine Harfe in der Hand. Mit dem Saitenspiel vertreibt er dem neben ihm sitzenden König Saul die bösen Gedanken, die ihn immer wieder befallen. Es ist die Eifersucht, die später auch David von Saul mit aller Heftigkeit zu spüren bekommen soll. Der Hund, der seinen Kopf auf Sauls Schoss legt, steht möglicherweise für die Treue, die David König Saul ein Leben lang entgegenbringt.

Kirschgartenstrasse 31

55 Kleiner Meisenpfiff

Bschaide isch my Wirggigsfäldli,
Und my Psalter isch nit rych;
Hie und do vom Schorewäldli
Sing i und vom Riechedych.

Der Dichter, von dem diese Zeilen stammen, hatte einst ganz unbescheidene Ziele. Er schrieb historische Dramen und nahm einen Schweizer Zeitroman in Angriff in der Hoffnung auf grossen Dichterruhm. Alsbald liess er aber diese hochfahrenden Pläne liegen, übte sich fortan in Bescheidenheit und in feiner baslerischer Selbstkritik.

Wie er hiess? Theobald Baerwart. Sein Name steht in Gold auf einer dunkel spiegelnden Tafel in der Kirschgartenstrasse, am Haus mit der Nummer 31. Es ist die Eidgenössische Zollverwaltung, wo Baerwart als Sekretär der Zollkreisdirektion Basel wirkte.

Baerwart war der Sohn eines Bäckers und wuchs im Kleinbasel am damaligen Maulbeerweg auf, der seit 1906 Maulbeerstrasse heisst. Von der Maulbeere zur Mundart kann man sagen, denn Baerwart entwickelte sich bald zu einem Meister in der Mundartpoesie und -prosa. Dabei schrieb er, wie ihm der Schnabel gewachsen war, und nannte dies auch beim Namen:

I mach kaini bsundere Asprich uff literarischi Schliff.
I sing nit wie d Nachtigalle –
s sin numme Maisepfiff.

Sein erster Band, erschienen 1921, hiess «Uus em Glaibasel: Baseldytschi Jugenderinnerige» und liess jene Welt aufscheinen, die Baerwart als Bub zwischen den Langen Erlen und der Riehenstrasse, dem Bäumlihof und dem damaligen Badischen Bahnhof (am heutigen Riehenring, gegenüber dem Restaurant zum Alten Warteck) erlebte – eine Welt mit Neckereien, Streichen, Strassenkämpfen und Abenteuern. Mit «Sällmol» begann fünf Jahre später seine Serie baslerischer Memoiren, die auch in der ehemaligen «National-Zeitung» erschien. Es folgten «Im diefschte Glaibasel», «Maisepfiff», «My glaini Wält», «Dreivierlig ohni Bai» und «Sunnebligg».

Als Mundartdichter wirkte Theobald Baerwart auch bei der Basler Liedertafel, die er während 40 Jahren hörbar als Sänger unterstützte und wo er dabei auf verschiedenen Reisen die eine oder andere poetische Gelegenheitsarbeit aufblitzen liess. Dasselbe galt für ihn ebenfalls bei der Brodbeckenzunft. Baerwart war Mitgründer der Basler Sektion des PEN-Clubs, aber auch «Zeedeldichter» einzelner Fasnachtscliquen und nicht zuletzt auch Schmied von Schnitzelbank-Versen.

Ein Lokalpoet im besten Sinne.

Hermann-Kinkelin-Strasse

56 Wandernder Jakob

Basel ist reich an Brunnen. Rund 200 befinden sich auf öffentlichem Grund. Einer von ihnen ist gewandert – von der damals mit vielen alten Häusern gesäumten Aeschenvorstadt in die versteckte Hermann-Kinkelin-Strasse.

Ironischerweise handelt es sich um den Jakobs-Brunnen, dessen Brunnenstock die Figur des Heiligen Jakob ziert – mit goldenem Buch und goldenem Pilgerstab. Ihm sind die zahlreichen Wander- respektive Pilgerwege zu verdanken, die zum spanischen Santiago de Compostela führen, wo der Heilige Jakob bestattet sein soll.

Der Jakobs-Brunnen ist mehrere Hundert Jahre alt: 1390 wurde er am Ende der Brunngasse, direkt an der Ecke zur

Aeschenvorstadt, in Betrieb genommen. 63 Jahre später erhielt er die Jakobs-Statue aufgesetzt. Geschaffen hatte sie der Bildhauer, Bildschnitzer und Fassmaler Hans Tussmann. Aus Freiburg im Breisgau stammend fand er in Basel 1453 Aufnahme in der Himmelzunft und drei Jahre später in der Spinnwetternzunft. 1459 verliess er Basel und zog nach Solothurn.

Seine Jakobs-Figur stand bis zum Jahr 1911 auf dem Brunnensockel in der Aeschenvorstadt, dann kam sie ins Historische Museum. An ihre Stelle trat eine Kopie, die aber nach der Verlegung des Brunnens in die Hermann-Kinkelin-Strasse für zehn Jahre verschwand.

Jetzt steht der Heilige Jakob wieder da, auf dem zinnen-

bewehrten Stock, mit leicht traurigem Blick, wallendem Gewand, gelocktem Haar und ebensolchem Bart. Über den Zinnen findet sich in goldenen römischen Zahlen das Entstehungsjahr der Figur: 1453.

Centralbahnplatz

57 Ein Topf Hirsebrei

Schön restauriert steht es da. Allerdings halten sich deswegen nicht mehr Passanten beim Strassburger Denkmal auf. Egal woher sie kommen – die meisten machen einen Bogen um das Denkmal gegenüber dem Bahnhof SBB, weil es die Wegführung so will.

Das Denkmal, 1895 geschaffen von Frédéric Auguste Bartholdi, dem Erschaffer der Freiheitsstatue in New York, erinnert an die humanitäre Hilfe, welche die Schweiz 1870 in Strassburg leistete, das während des Deutsch-Französischen Kriegs belagert wurde. Damals erreichte eine Abordnung der Kantone Bern, Zürich und der beiden Basel bei den Deutschen, dass 1400 Frauen, Kinder und alte Menschen aus der belagerten Stadt in die Schweiz gebracht werden konnten.

Das Denkmal mit seiner Figurengruppe ist nicht zu übersehen: Ein Engel und die Helvetia schützen eine Frauengestalt in Elsässertracht; sie ist die Personifizierung Strassburgs, hinter deren Rücken sich schutzbedürftige Kinder scharen.

Unbeachtet bleiben hingegen meistens die beiden Bronzereliefs auf der Vorder- und Rückseite des Sockels. Vorne ist links die Schweizer Delegation zu sehen, wie sie von Strassburgs Bürgermeister empfangen wird. Auf der Rückseite wird eines älteren Zusammentreffens von Strassburgern und Schwei-

zern gedacht. Das Halbrelief bezieht sich auf das Jahr 1576. Damals unternahmen Eidgenossen eine Rekordfahrt von Zürich nach Strassburg, um zu zeigen, wie schnell ihre Hilfe im Notfall vor Ort sein kann. 17 Stunden brauchten sie, um via Limmat, Aare und Rhein in Strassburg anzukommen. Mitgeführt hatten sie einen grossen Topf Hirsebrei, der am Ziel immer noch warm gewesen sein soll.

Das Denkmal ist dem Strassburger Baron Hervé de Gruyer zu verdanken; er wollte der Schweiz ein Denkmal schenken – in Erinnerung an die geleistete Hilfe. Als Bildhauer wählte er den aus Colmar stammenden Frédéric Auguste Bartholdi (1834–1904) aus, dem heute in Colmar ein kleines, sehenswertes Museum gewidmet ist.

Nauenstrasse 30

58 Gerettetes Andenken

Alles war vorbereitet an jenem Morgen des 11. März 1975. Um 9.30 Uhr sollte der «Startschuss» sein, aber eine zuschlagende Tür zerschnitt das Sprengkabel. 25 Minuten später war es dann aber so weit: Mit einem dumpfen Knall fiel um 9.55 Uhr das imposante Postgebäude Basel 2 beim Bahnhof SBB in sich zusammen. Und über dem Ort der Sprengung bildete sich minutenlang eine riesige, dreckig-braune Staubwolke. Damit war dieser in den Jahren 1905 bis 1907 errichtete Bau des Architekten Theodor Gohl Vergangenheit.

Fast. Denn obschon die Bahnhofpost platzmässig nicht mehr genügte und deshalb einem Neubau weichen musste, erkannte man doch die künstlerische Qualität dieses im Stile französischer Monumentalbauten des 17. Jahrhunderts gehaltenen Gebäudes. Ausserdem bildete es zusammen mit dem Bundesbahnhof eines der letzten überzeugenden städtebaulichen Ensembles in Basel. War es Jahrzehnte zuvor noch als baulicher Ausdruck einer Architektur der Peinlichkeiten verschrien, wurde es nun, wenige Jahre vor seinem Abriss, für viele Basler zu einem regelrechten Tempel der Nostalgie. Kein Wunder, dass sich deshalb zahlreiche Baslerinnen und Basler ernsthaft für Teile des Baus interessierten; der Basler Heimatschutz zum Beispiel hatte ein Auge auf die Türbeschläge, Handknäufe und Türklinken geworfen.

Das für den Abbruch des Gebäudes zuständige Unternehmen nutzte dieses Interesse und verkündete deshalb vorgängig in einem Inserat, dass aus der Abbruchmasse diverse Teile herausgebrochen und erhalten bleiben würden – und zum Verkauf stünden; unter anderem zwei Rundkuppeln mit einem Durchmesser von je 7,5 Metern, Balustradenpfeiler, Fassadenskulpturen und technische Einrichtungen. Die Post selber hatte sich zuvor Wichti-

ges und Schönes reservieren lassen. Alte Möbelstücke, Stempel und Briefkasteneinwürfe wanderten ins Postmuseum. Einige Stücke fanden aber auch Eingang am Bau des neuen Postgebäudes: Laternen, Fenstergitter – und zwei Reliefs in Rundform. Das eine Relief ist an einer Mauer an der Nauenstrasse 30 angebracht und zeigt einen sitzenden Feldarbeiter, der leicht verträumt einen Brief liest. Vor ihm steht ein geöffneter Weidenkorb mit einer Postetikette. Hinter der Mauer, und deshalb nicht von der Strasse her einsehbar, befindet sich das andere Medaillon. Auf ihm ist eine elegant gekleidete, kniende Frau zu sehen, die sich – umkränzt von einer Efeuranke als Symbol der ewigen Treue – in einen Brief vertieft.

59 «Scusi Brancusi»

Wie viele Ökofreunde, die auf ihren umweltschonenden Velos oder in ihren benzinfreien Elektro-Autos durch die Nauenstrasse fahren, haben sich wohl schon aufgeregt über die 24 Meter hohe Antenne vor dem Jacob-Burckhardt-Haus? Hat ihretwegen die Swisscom bereits Tausende von erbosten Anrufen entgegennehmen müssen? Oder sind beim Kanton gehässige Anfragen eingegangen wegen dieses matt silbern glänzenden Mastes, der mit seinen wuchtigen Tellern und bedrohlichen Stäben so tut, als ob er die ganze Stadt mit Elektro-Smog verstrahlen würde? Einfach dies: Vor der gigantischen Antenne aus Stahl ist ein Schild angebracht, auf dem sich deren Erbauer vorsorglich schon einmal entschuldigt. Seit 2009 stehen Sendemast und Entschuldigungsschreiben da – vom Hersteller sauber unterzeichnet und mit Jahreszahl versehen. Doch Markus Müller entschuldigt sich nicht etwa bei der möglicherweise verängstigten Bevölkerung. Er schreibt reimend «Scusi Brancusi» – entschuldigen Sie, Brancusi. Der Schweizer Skulpturenentwickler Müller meint damit den rumänischen Künstler Constantin Brancusi. Der hätte nämlich – so wie die elegant gewellte Fassade des Jacob-Burckhardt-Hauses aussieht – gut diese Aussenhülle gestaltet haben können.

Die Antenne ist übrigens harmlos. Müller hat das Modell aus kleinen vorgefundenen Formen, unter anderem aus Rechaudkerzenhaltern, gebaut und es dann zu einem 24 Meter hohen Stahlturm vergrössern lassen.

Gundeldingerstrasse 419

⓺⓪ Gegen Wohnungsnot

In schön geschwungenen Linien stehen die drei Buchstaben als Reliefs unter einem Bogen über der Eingangstür: B, W und G. Die Initialen an der Gundeldingerstrasse 419 beziehen sich nicht auf eine Privatperson, sondern auf die Basler Wohngenossenschaft. Ihr gehören die im Jahr 1928 von Architekt Carl Frey erbauten Häuser mit ihren Drei- und Fünfzimmerwohnungen.

Gegründet im Jahr 1900 ist die BWG die älteste Wohnbaugenossenschaft der Schweiz. Aktuell verfügt sie über 57 Liegenschaften mit insgesamt 474 Wohnungen; sie verteilen sich auf Basel, Allschwil, Münchenstein, Reinach und Therwil.

Zu ihren Anfangszeiten hatte die BWG Vorbildcharakter; sie war damals keine Selbsthilfeorganisation, sondern eine aus eher theoretischen und philanthropischen Beweggründen ins Leben gerufene Modellgenossenschaft. Die Trägerschaft bestand vorwiegend aus Gönnern, die eine Verbesserung der eigenen Wohnsituation nicht nötig hatten. Aus Geldgründen kam zunächst das Bauen von Häusern nicht infrage. Die BWG kaufte deshalb Liegenschaften. Diese waren eigens zu dem Zweck gebaut worden, Wohnungen für die arme Bevölkerung zu ermöglichen. Erste Eigenbauten entstanden in den Jahren 1913 und 1914. Weitere folgten, denn die Wohnsituation in jener Zeit war prekär. Wohl zogen wegen des Ersten Weltkriegs viele ausländische Einwohner aus Basel weg und unterstützten die Armee ihrer Heimatländer. Aber nach Kriegsende, als die wehrpflichtigen Männer entlassen wurden, sank die Leerwohnungsziffer von 3,3 Prozent im Jahr 1915 auf 0,2 Prozent im Jahr 1919. Obdachlose Familien mussten zeitweise in Schulhäusern unterge-

bracht werden, was zu Konflikten mit der Lehrerschaft führte. Die Behörden versuchten die unhaltbare Situation mit Barackenbauten in den Griff zu bekommen, doch auch das nützte nicht viel. Schliesslich sah sich die Regierung gezwungen, die Obdachlosigkeit durch eine gezielte Förderung der Bautätigkeit zu verringern, wobei der genossenschaftliche Siedlungsbau bevorzugt behandelt wurde. Die BWG sollte hier das gesamte Wohnungswesen beeinflussen und andere zur Gründung ähnlicher Projekte veranlassen. Gleichzeitig war die BWG eine der wenigen Genossenschaften, die seit ihrem Bestehen bis hin in die jüngste Vergangenheit kontinuierlich Liegenschaften erwarben oder Wohnungen erstellten. Und dazu gehört auch die mit dezenten Art-déco-Mustern versehene Liegenschaft an der Gundeldingerstrasse 419–423.

61 «Pfeffinger Loch»

Wenn man die Bauten und Parkplätze ringsum ausblendet, ist es eigentlich ein recht hübscher, kleiner Platz, der sich da am Ende der Pfeffingerstrasse beim Bahnhof auftut. Entlang der Hochstrasse steht nämlich eine mehrere Meter hohe, imposante Mauer, in deren Mitte ein alter Torbogen eingelassen ist. Unter ihm plätschert friedlich ein Brunnen, flankiert von zwei grossen Treppen, die zur Peter-Merian-Brücke führen. Man könnte fast von grossstädtischem Flair sprechen beim Anblick des steinernen, Wasser speienden Delfins über dem hellen, elegant geschwungenen Brunnenbecken.

Doch dieser kleine Platz mit dem Brunnen war einst gar keiner; da war keine Mauer, sondern eine Kreuzung: Als es den alten Centralbahnhof aus dem Jahr 1860 noch gab, kreuzte die Pfeffingerstrasse die Hochstrasse und führte weiter zu einem Tunnel, der unter den Bahngeleisen zur Nauenstrasse führte. Man nannte diese Unterführung das «Pfeffinger Loch». Der in der Mauer eingelassene Torbogen ist das einzige Überbleibsel jenes Tunnels und verweist gleichzeitig auf ihn und den ungefähren Standort. Das «Pfeffinger Loch» hatte vor allem der Zirkulation von Frachtfuhrwerken gedient, die zwischen den Güterschuppen des Bahnhofs an der Güterstrasse und der Innenstadt verkehrten. Um einen Verkehrsanschluss des Gundeldingerquartiers an das

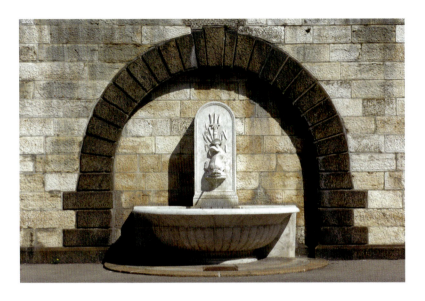

Stadtzentrum handelte es sich nicht, denn dieses Quartier war damals, in den 1860er- und 1870er-Jahren, noch inexistent. Für die Bebauung jenes Gebiets am Nordabhang des Bruderholzes hatte der Grosse Rat erst am 1. Juni 1874 einen entsprechenden Plan genehmigt. Dann aber wurde dieses Gebiet relativ schnell im Schachbrettmuster grossstädtisch überbaut.

Mit dem Neubau des Centralbahnhofs zu Beginn des 20. Jahrhunderts wurden die Geleise auf einem zirka 2,7 Meter tieferen Niveau angelegt. Damit war das Ende des «Pfeffinger Lochs» besiegelt.

Centralbahnstrasse 10

62 Bahnhofswächter

In elegantem Schwung spannt sich das riesige, flache Spitzbogenfester zwischen den beiden Uhrtürmen. Es ist der Blickfang des Bahnhofs SBB, vor allem nachts, wenn es von innen beleuchtet ist. Geschaffen haben diesen grössten Grenzbahnhof Europas die Basler Architekten Emil Faesch und Emanuel La Roche im Auftrag der Schweizerischen Bundesbahnen (SBB). Am 24. Juni 1907 nahm der Bahnhof seinen Betrieb auf; er gehörte zu den ersten grossen Bauwerken der SBB.

Auch wenn das Gebäude eine gewisse Behäbigkeit ausstrahlt, so sind an ihm doch auch Details zu entdecken, die etwas Leichtes, Verspieltes haben – die vier Puttenpärchen auf der Terrasse zum Beispiel oder die als Flachrelief gestalteten, leicht bekleideten Frauenfiguren, welche die beiden Uhren flankieren.

Und wer sich die Zeit nimmt, das Bahnhofsgebäude noch etwas genauer unter die Lupe zu nehmen, entdeckt auf den Ecken der Uhrturmkronen, zu Füssen der beiden

Kuppeln, je drei Basilisken als Basler Wappenhalter.

Entworfen haben diese mythischen Tiere ebenfalls die beiden Architekten Faesch und La Roche, wie aus einem detailliert gezeichneten Plan aus dem Jahr 1904 hervorgeht. Sie haben die Mischwesen typisch als Schlangen herausgearbeitet, aus deren mittlerem Körperteil zwei Drachenflügel und zwei gefiederte Hahnenbeine wachsen, von denen das eine mit seinen zähen Krallen das Wappen mit dem Baselstab hält. Ihr Kopf ist der eines Hahns mit kronenartigem Kamm und grossen, runden Kieferlappen. Der Hals ist stark s-förmig gewunden, und der grob geschuppte Schwanz schlängelt sich rings um das Tier, um vorne mit seinem pfeilspitzenartigen Ende das Wappen zu fixieren.

Auf ihrem jeweiligen «Horst» sitzend blicken die Basilisken als Wächter streng in die Runde und strahlen in ihrem türkisfarbenen Grünspan jene keinen Widerspruch duldende Erhabenheit aus, die diesen Wesen so eigen ist.

Birsigviadukt

⓺ Schienen nach Basel

Bekannt ist der Ort als Unglücksstelle. Mehrmals sind hier beim Brückenkopf auf der Seite des Rialto-Gebäudes Velofahrer in Verkehrsunfälle verwickelt gewesen.

Und gleichwohl befindet sich an dieser Stelle auch eine kleine Besonderheit, die es durchaus wert ist, erwähnt zu werden: eine unscheinbare, dunkle und mit Grünspan befleckte Metalltafel, montiert am steinernen Brückengeländer. Mit einer bescheidenen Jugendstilverzierung versehen, weist sie auf ein Stück Basler Eisenbahngeschichte hin: «Als Eisenbahnviadukt errichtet 1857–1858 verbreitert & zur Strassenbruecke umgebaut 1902–1903».

Es war im Dezember 1845, als mit der Bahnstrecke St-Louis–Basel die allererste Eisenbahnstrecke auf Schweizer Boden eröffnet wurde. Endstation war ein Bahnhof innerhalb der Stadtmauern – dort, wo sich das spätere Gefängnis Schällemätteli befand. Basel war solchermassen als erste Schweizer Stadt mit dem neuen Verkehrsmittel erschlossen.

Ebenfalls provisorischer Natur war in Basel der erste Bahnhof der Schweizer Centralbahn. Er stand an der Engelgasse/Lange Gasse und diente dem Bahnbetrieb der Hauenstein-Linie von Liestal nach Basel. Der Bahnhof hatte weder einen Anschluss an den französischen noch an den im Jahr 1855 erstellten

Badischen Bahnhof der Rheintalbahn.

Erst 1860 ging an der heutigen Stelle des Basler Bahnhofs SBB am Centralbahnplatz der neue Bahnhof in Betrieb. Und hier nun kommt das anfangs erwähnte Viadukt ins Spiel. Es war Teil des Trassees, auf dem neu die Elsässerbahn zum Bahnhof SBB fuhr. Gut 40 Jahre führte das Viadukt diese Eisenbahn über den Birsig, dann verlor es seine Funktion. Noch vor dem Bau des uns vertrauten Bahnhofs SBB wurde am 12. Mai 1901 das nun in Tieflage und in einem weiten Bogen geführte, neue Trassee der Elsässerbahn eröffnet.

Aufgegeben wurde das Viadukt deshalb nicht. Erneuert und verbreitert dient es seither als Birsigviadukt dem Tram, dem Flughafenbus, den Auto- und Velofahrern sowie den Fussgängern. Sogar eine Brücke ist ihm seitlich noch angehängt worden: ein Verbindungssteg für die Bewohner der imposanten Linder-Überbauung zwischen Pelikanweg und Birsigstrasse.

Schützenmattstrasse 49

64 Dessin wie in Dessau

Eigentlich sticht das Häuserensemble an der Schützenmattstrasse 49 bis 55 mit seinem unauffälligen Verputz und den relativ strengen Linien nicht sonderlich ins Auge. Nur der grössere und markante Eckbau mit seinen zwei grossen, wellenartig sich nach oben schwingenden Giebeln tritt deutlich hervor.

Und doch: Wer genauer hinschaut, entdeckt an den zwischen 1905 und 1906 entstandenen Reiheneinfamilienhäusern der Architekten Robert Curjel und Karl Moser kleine, interessante Details. Das Haus mit der Nummer 49 (links) ist von besonderem Interesse. Denn auffallend ist hier die geometrische Flachornamentik am Erker: Seine Front überzieht ein zopfartiges Muster, dessen einzelne Stränge am oberen Ende in stilisierten Blumen enden. Mit diesem Dessin ist auch eine kleine, bemerkenswerte Geschichte verbunden – womöglich eine des Plagiats. Curjel und Moser waren nicht ganz unbescheiden. Wo es ging, liessen sie ihre Arbeiten in Bauzeitschriften und Fachmagazinen publizieren. Und es darf vermutet werden, dass gerade über solche Publikationen jenes Zopfmuster den Weg nach Dessau fand, in jene deutsche Stadt, die für ihre Kunst-, Design- und Architekturschule namens Bauhaus bekannt ist. Denn dort in der Parkstrasse steht mit der Nummer 6 ein Reihenwohnhaus, das demjenigen des Basler Hauses verblüffend ähnlich sieht. Vor allem der Erker ist – wenngleich um eine Etage höher gezogen – in seiner Form praktisch identisch und weist das exakt gleiche Zopfmuster auf.

Errichtet wurde es zwischen 1912 und 1914, also gut sieben Jahre nach jenem von Curjel und Moser. Als Architekt respektive Kopist wird Carl Pertz vermutet.

ⓖ Im Würgegriff

Der kleine Platz, wo sich Euler- und Socinstrasse kreuzen, ist unscheinbar. Drei Bänke stehen da, wo Schülerinnen und Schüler des nahen Eulerhofs über Mittag manchmal ihre Pause verbringen, und ein kleiner Brunnen, wie es sie in Basel mehrere gibt, mit der in Eisen gegossenen Figur eines Bübleins, dem noch der Babyspeck anzusehen ist. Normalerweise spielen diese puttenhaften Knaben mit einem Schwan, reiten auf einer Gans, sitzen auf einem Delfin und schauen, dass ihre lieblichen Tiergefährten frisches Wasser in einen Steintrog speien.

Der Brunnen hier, der schon seit 1867 in Betrieb ist, zeigt anderes. Hier kämpft ein Knabe mit einem jungen Alligator auf einem Felsbrocken. Kräftig hält der Bub das Tier wie einen Gartenschlauch und drückt ihm quasi das Wasser aus der Schnauze. Ein wenig erinnert er an die mythologische Figur des Herakles, der schon in der Wiege seine überirdischen

Kräfte demonstrierte, indem er zwei Schlangen mit seinen kleinen Händen erwürgte.

Der Alligator selber schafft einerseits Assoziationen zum Krokodil, das im Gedicht «Die Elfenkönigin» von Edmund Spenser seine Krokodilstränen weint, andererseits zur ägyptischen Mythologie. Dort gibt es den Krokodilgott Sobek, der über das Wasser herrsche und ebenfalls als Fruchtbarkeitsgott verehrt wurde. Einer seiner Hauptkultorte war Krokodilopolis in Oberägypten.

Wer die Brunnenfigur des Buben mit dem Alligator geschaffen hat, ist nicht bekannt. Sie ist aus dunkelgrün bemaltem Gusseisen. Der ovale Trog aus Kalkstein stammte aus der Werkstatt des Steinhauerunternehmens Bargetzi in Solothurn. Das Familienunternehmen hatte diverse Basler Brunnentröge geschaffen.

Kannenfeldstrasse 35

66 Schön und leidvoll

An der Antoniuskirche gibt es vieles, das herausragend ist. Für den Passanten, der durch die Kannenfeldstrasse geht, sind es in erster Linie der Turm auf der einen und das Eingangsportal auf der anderen Seite. Eine eigentliche Sogkraft entwickelt das kolossale Eingangs- und Durchgangsportal mit seinen sieben abgestuften Schildwänden. Die Anziehungskraft ist so gross, dass man die Figur, die ganz oben, in 18 Metern Höhe, angebracht ist, kaum wahrnimmt.

Es ist ein Posaune blasender Engel, der in Richtung Turm fliegt. Die rechte Hand hat er segnend nach oben und über die eintretenden Kirchgänger erhoben, mit der Linken hält er die Posaune. Es ist ein Bleirelief und misst 1,4 Meter in der Höhe und 5,5 Meter in der Länge. Gestaltet hat die Figur der Basler Bildhauer Max Varin (1898–1931) in expressionistisch stilisierter Weise, die dem Art déco nahekommt.

So schön und in sich ruhend die Engelsfigur, so düster und leidvoll ist die Geschichte, die sich um dieses Relief rankt. Eigentlich hatte Karl Moser (1860–1936), der Architekt der Antoniuskirche, seinen

Schwiegersohn August Suter als Gestalter der Portalplastik vorgeschlagen, aber die Baukommission lehnte ab. Sie entschied sich für Varin, dessen Familie in der Gemeinde ansässig war. Varin war zu jener Zeit 28 Jahre alt und von einer Lungenkrankheit bereits stark gezeichnet, als er vom Kunstkredit den Auftrag erhielt. Es sollte seine letzte grössere Arbeit und auch sein Hauptwerk werden.

Das erste kleine Modell vermochte die Jury nicht ganz zu überzeugen. Varin musste ein Gipsmodell im Massstab 1:1 vorlegen, das die Begutachter an Ort und Stelle beurteilen wollten. Am 20. Oktober 1927 wurde das 400 Kilo schwere Modell mit einer Seilwinde hochgezogen. Doch in acht Metern Höhe versagte die Maschinerie. Der Engel stürzte ab und zerschellte in tausend Stücke. Der Verlust des ausführungsreifen Modells brachte dem Künstler einen Schaden von über 4000 Franken, denn die Bauherrschaft lehnte jegliche Vergütung ab. Ein Gerichtsurteil reduzierte den Schuldbetrag des beklagten Baumeisters auf 2300 Franken, Max Varin stand mit einem finanziellen Verlust von 2000 Franken da.

Er musste jedoch gespürt haben, dass ihm nicht mehr allzu viel Zeit und Kraft für das Werk bleiben würde. Von Neuem ging er an die Arbeit. Am 5. Oktober 1929 war der Engel vollendet und zuoberst am Eingangsportal der Kirche befestigt – als einziger Schmuck am Äussern des Baus. Zwei Jahre später starb Max Varin.

Largitzenstrasse 33

67 Grüsse aus Wien

In der Largitzenstrasse 33 steht im Vorgarten ein merkwürdiges Relief, das als abgrenzende Wand zum Nachbargarten dient. Es zeigt Menschen, Pferde, Karren. Und unten rechts findet sich der nicht sehr leserliche Name des Künstlers.

Was hat es mit diesem Relief auf sich, das da die Grenze zwischen zwei Liegenschaften verdeutlicht? Der Hausbesitzer Oswald Leitner, ein gebürtiger Wiener, weiss es. Das Relief sei Teil einer Hausfassade in der Kärntner Strasse in Wien gewesen. Und die Kärntner Strasse, die vom Karlsplatz an der Staatsoper vorbei zum Stephansplatz führt, sei eine der bekanntesten Strassenzüge in Wiens Innenstadt. Damit wird auch schon ein Teil der Reliefdarstellung verständlich. Denn auf dem grauen, 2,8 auf 1,45 Meter grossen Steinbild steht: «Schon im Jahre 1257 fuhren die Karrner mit ihren Frachten auf dieser Strasse nach Süden.» Detailgetreu sind Fuhrleute in Stiefeln zu sehen, die mit gedeckten Lastkarren und vorgespannten Pferden durch Wiens Kärntner Strasse ziehen. Mit Karrner bezeichnete man früher Kärntner, aber auch fahrendes Volk aus der Gegend um Tirol. Geschaffen hatte das Relief der Bildhauer und Medailleur Oskar Thiede (1879–1961). Einige seiner Werke sind heute noch auf öffentlichen Plätzen und an Gebäuden und Wohnhausanlagen in Wien zu sehen – beispielsweise die Bronzefigur von Johann Nestroy an der Praterstrasse.

Die Kärntner Strasse, 1257 erstmals urkundlich erwähnt, war seit ihrem Bestehen immer mal wieder umgestaltet und ausgebaut worden. Und bei einer dieser baulichen Veränderungen wurde auch

das Steinrelief entfernt – möglicherweise im Jahr 1945, als die Kärntner Strasse wegen des Zweiten Weltkriegs schwer in Mitleidenschaft gezogen worden war. Oswald Leitner erinnert sich: «Etliche Jahre hatte das Relief zwischen Gerümpel auf dem Lagerplatz meines Vaters – er war Steinmetz – gestanden, bis ich es im Zuge des Kaufs und des Umbaus der Largitzenstrasse 33 im Frühjahr 1980 nach Basel brachte.» Aufgestellt hat es ein Steinmetz aus Lörrach. Das rund 600 Kilo schwere dreiteilige Steinbild wurde in Holzverschalungen gepackt und von den Österreichischen Bundesbahnen auf den Bahnhof Wolf verfrachtet. Von dort transportierte ein Camionneur die drei Reliefteile an die Largitzenstrasse. Die Camionnage kostete mehr als der Transport von Wien nach Basel.

Vogesenstrasse 145

⁶⁸ Aufschäumendes Bier

Ist das möglich? Ein Bier speiender Salm? Ja. Lustvoll krümmt er sich auf einer Hausfassade. Zwei Männer sind mit ihm. Der eine hält den Lachs wie einen Krug, der andere führt ein Glas unter den Fischrachen, sodass das Bier im Humpen mächtig aufschäumt.

Die Wandmalerei befindet sich dort, wo Entenweid- und Vogesenstrasse aufeinandertreffen, am Eckhaus mit der Nummer 145. Was hat das Bild hier zu suchen? Denn da ist kein Rhein mit Salm –

und auch keine Bierhalle. Aber da war einmal etwas. Die Schrift zum Bild deutet es an: «Zum Salmeck». Das Haus beherbergte einst zu Beginn des 20. Jahrhunderts das Restaurant Zum Salmeck. Es gehörte der Rheinfelder Brauerei zum Salmen, die gleich nebenan auch ihr Bierdepot mit eigener Eisenbahn hatte. Kreiert hatte das Wandbild der Liestaler Maler und Heraldiker Otto Plattner (1886–1951). Die Signatur am linken Bildrand belegt es: ein P mit Schweizer Fahne. Die Brauerei zum Salmen existiert nicht mehr. 1971 wurde sie mit anderen Brauereien in der Sibra Holding AG zusammengeführt. Diese braute ab 1973 nur noch Cardinal-Bier und so verschwand nach 175 Jahren das Salmenbräu. In Basels

Stadtbild erinnern aber noch ein paar Zeichen an das einstige Bier: neben besagtem Wandbild der steinerne Salm über der Tür des ehemaligen Restaurants Salmen beim Spalentor und das modernisierte Fassadengemälde am Restaurant Dreirosen. Es war von der Brauerei zum Salmen in den 1930er-Jahren in Auftrag gegeben worden. An wen? An Otto Plattner.

Lothringerstrasse 134

⟨69⟩ Gestempelte Wand

Ob es die Autofahrer beachten, die täglich auf dem Lothringerplatz im dortigen grossen Kreisel fahren? Ob es die Fussgänger sehen, die zwischen dem Bahnhof St. Johann und dem Voltaplatz flanieren? Gross genug jedenfalls ist es.

Es steht am Weg vieler Menschen. Kann es deshalb noch Zufall sein, dass das Blau, das der Künstler neben anderen Farben für sein Werk gewählt hat, das Blau der Wegwarte ist? «Langsam verblasst die Farbe, das gefällt mir; es passt zu meinem Konzept», sagt Remo Hobi. Der Künstler spricht über den «Stempel» an der Lothringerstrasse. An die Brandmauer des Mietshauses mit der Nummer 134 hat er im Jahr 2002 ein grossformatiges Wandbild mit diesem Titel aufgetragen. Es war Teil des Projektes «Nordtangente – Kunsttangente».

Die Arbeit gestaltete sich nicht ganz einfach. Weil die Wand leicht sandig war, musste sie von einem Malerbetrieb zuerst gereinigt und mit einem Tiefgrund vorbehandelt werden. Dann erst konnte Remo Hobi sich an die Arbeit machen. Zuerst rechnete er seinen 1:10-Entwurf auf die Originalgrösse um. Dann zeichnete er die Linien mit einer Schlagschnur. Als Farbe verwendete er Acrylfarbe.

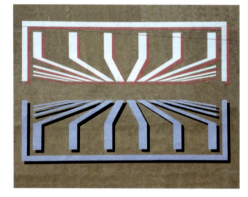

Das Resultat: Jeweils mit einer tor- oder tunnelartigen Klammer versehen, spiegeln zwei Linienbündel in ihrer Führung eine unendliche Tiefe. Dabei wirkt der horizontale Leerraum zwischen den beiden Liniengruppen nicht schnurgerade, sondern oben und unten von der Mitte aus leicht gebogen – eine optische Täuschung. Was stellen die lamellenhaften Linien dar? «Das streng grafische Werk lehnt sich an die künstlerische Sprache der gemalten Werbebotschaften an», sagt Hobi. Doch es wirbt für nichts, hat keinen Schriftzug, ist rätselhaft. Und genau diese stumme Rätselhaftigkeit ist es, die viele Betrachter mögen. Eigentlich hätte das Werk im Jahr 2007 wieder entfernt werden dürfen – so steht es in einem Vertrag. Doch der heutige Hausbesitzer denkt nicht daran; ihm gefällt die Arbeit. Von Remo Hobi gibt es noch ein anderes Kunstwerk im öffentlichen Raum in Basel zu sehen. «Be A Star» heisst es und befindet sich an der Münchensteinerstrasse 97 – an der Fassade eines Neubaus, wo seit gut einem Jahr die Kontakt- und Anlaufstelle Wolf beheimatet ist. Wieder sind es klare Linien, die Hobi gezogen hat – strahlenförmig und reliefartig, sodass ein filigranes Spiel aus Licht und Schatten entsteht.

Hochbergerstrasse 134

⑦⓪ Arbeit am Hafen

Ende der 1980er-Jahre stand das Restaurant Schiff in den Schlagzeilen. Der neue Besitzer der Liegenschaft wollte das Haus abreissen, um Platz für eine Neuüberbauung zu schaffen. Nach heftigen Protesten aus der Bevölkerung änderte er jedoch sein Ansinnen und begnügte sich mit dem Hochziehen zweier Anbauten zu beiden Seiten des Eckhauses. Das Restaurant Schiff konnte seine Rolle als Identifikationsort für die Kleinhüninger behalten.

Noch immer erweist sich das im Jahr 1927 von der Brauerei Feldschlösschen errichtete Haus als stattlicher Eckbau. Und was das Haus bedeutsam macht, ist die Fassadengestaltung: Die beiden Hausseiten sind mit hohen Bildfeldern geschmückt. Zudem akzentuieren zwei farbige Bänder die Senkrechte des Erkers am Eck; Signalflaggen sowie Wimpel und Fahnen von Reedereien flattern hier an einer Fahnenstange.

Gestaltet hat die über zwei Stockwerke führenden Wandmalereien der bekannte Basler Künstler Burkhard Mangold (1873–1950). Es ging ihm darum, den unbekannten Hafenarbeitern und Hafenbewohnern ein ausdrucksstarkes Denkmal zu setzen. An den Wandbildern wird der sozialistische Realismus augenfällig, denn diese Kunstrichtung stellte Themen aus dem Arbeitsleben und der Technik des sozialistischen Alltags in den Vordergrund.

Im Falle des Restaurants Schiff sind es Männer, die für die Kraft der Hafenarbeiterklasse stehen: Der eine stösst – in einem Weidling stehend – den Stachel in den Rheingrund. Daneben zieht ein Fischer sein Netz aus dem Wasser. Ein bärtiger Fährmann und ein Navigator eines Frachtkahns folgen. An der anderen Hausseite sind ein Mann mit einer Schaufel, eine Dorffrau mit beladenem Korb und ein Bub mit einem Spielzeugschiff zu sehen. Die einzelnen Figuren und Hintergrundmuster sind scharf konturiert und Glasbildern nicht unähnlich.

Wohl sind diese Wandgemälde sehr markant. Sie sind indes nicht die einzigen dekorativen Elemente am Haus.

Steinbossen zwischen den Bildern stellen Tiere dar – Fisch, Krebs, Kröte, Salamander. Und beachtenswert ist auch das Trägerelement des Wirtshausschildes: Ein stilisierter Salm hält in seinem Maul ein mit Fässern beladenes Segelschiff.

Schliesslich darf auch die Malerei am Erker nicht ausgelassen werden. Angebracht zwischen dem ersten und dem zweiten Stock zeigt sie im Stil des Art déco einen Mann und eine Frau, die sich in fliessenden Gewässern finden – mit den beiden allegorischen Figuren sind der Rhein und die Wiese gemeint, die sich hier in Kleinhüningen glücklich zu einem Fluss vereinigen.

Unterer Rheinweg 44/46

71 Drei Wappenhalter

Auf den ersten Blick wirkt das mächtige Haus wie ein Hotel, doch die Liegenschaft an der Ecke Florastrasse und Unterer Rheinweg ist ein Mehrfamilienhaus. Auftraggeber und Architekt in einem war Ernst Mutschler; er reichte die Baueingabe für die imposante Liegenschaft im Jahr 1912 ein.

Unter Kleinbaslern wird das Haus am Rhein mit den Nummern 44 und 46 jedoch nicht nach dem Architekten benannt, sondern heisst «Vogel Griff»-Häuser. Denn die drei Hauseingänge zieren über ihren Porten halbrunde Mosaikbilder, welche die Figuren Vogel Gryff (Greif), Leu (Löwe) und Wild Maa (Wilder Mann) darstellen. Sie weisen damit auf das jeweils im Januar stattfindende Kleinbasler Brauchtum des «Vogel Gryff» hin: Es beginnt mit der Rheinfahrt des Wild Maa auf einem Floss. Unterhalb der Mittleren Brücke geht die Figur an Land und trifft auf den Vogel Griff und den Leu. Zu dritt ziehen sie, begleitet von drei Bannerträgern und drei Tambouren, durchs Kleinbasel. Der Umzug hat seinen Ursprung in den im Mittelalter stattgefundenen jährlichen Waffenmusterungen der für die Bewachung der Stadtmauer verantwortlichen Ehrengesellschaften. Doch die eigentlichen Anfänge des Brauchs liegen im Dunkeln.

Gemäss dem Buch «Verträumtes Basel» von Eugen A. Meyer soll Otto Meyer in den 1920er-Jahren die drei Mo-

saiken angefertigt haben. Eingespannt in zwei symmetrische Felder mit Füllhörnern und streng geometrischen Bändern zeigen sich die Wappenhalter der drei Kleinbasler Ehrengesellschaften vor goldenem Hintergrund. Der Vogel Gryff mit seinem blau-weissen Stab steht für die Ehrengesellschaft zum Greifen, der Leu mit seinem grün-weissen Stab repräsentiert die Ehrengesellschaft zum Rebhaus und der Wild Maa mit seinem Tännchen verkörpert die Ehrengesellschaft zur Hären. Mit Häre ist ein aus geflochtenen Weidenruten und Rosshaarschlingen bestehendes Fangnetz für kleines Federwild gemeint.

Utengasse 36

72 Kräftig wie Herkules

Wer den Namen Utengasse hört, denkt vielleicht gerne an die dortige Beiz Schafeck oder an den neuen Jazz-Campus. Auch das Arbeitsamt liegt an der Utengasse, aber diesen Ort verdrängt man gerne – oder geht schnell daran vorbei. Das ist eigentlich schade. Denn der Bau von Erwin Rudolf Heman aus den Jahren 1931/1932 ist nicht nur ein Dokument des neuen Bauens, er weist auch ein kleines dekoratives Element an seiner rechten Seite auf. Es ist ein Brunnen mit grossem Trog für die Passanten und einem kleinen Trog für die Hunde sowie einem seitlich an der Brunnenwand aufsteigenden Sockel mit einer Skulptur. «Faun mit Kalb» ist sie benannt. Und sie zeigt einen kindlichen Faun, der rittlings auf einem Kalb sitzt, dem Tier das Maul aufreisst und es gefügig macht. Der angeberische Faun will sich und den anderen, die ihn sehen, beweisen, dass er herkulische Kräfte hat. In der Art der Figurenkomposition ist denn auch unschwer der

Bezug zum Kampf zwischen Herkules und dem Nemëischen Löwen zu erkennen.

Geschaffen hat die Skulptur Jakob Probst. Der in Reigoldswil aufgewachsene Sohn eines Uhrmachers und einer Hutmacherin hat in Basel mehr als nur diese eine Skulptur hinterlassen. Von Bedeutung ist die zwischen 1920 und 1923 geschaffene «Liegende», auch «Ruhende» genannt. Die Plastik war damals für die Anlage an der Steinenschanze bestimmt. Doch in der Bevölkerung stiess sie auf grossen Widerstand. So wurde die «Liegende» nach dem Umbau der Steinenschanze 1971 vor dem Bernoullianum platziert.

Dass Probst zu seiner Zeit als Künstler dennoch anerkannt war, belegt auch die Tatsache, dass er zu jenen fünf Bildhauern gehörte, welche die Kapitelle des Kunstmuseums gestalten durften (Seite 102). Von ihm stammt jenes ganz links. Es zeigt den «Vater Rhein».

Oberer Rheinweg

73 In Szene gesetzt

Dunkles Meergrün auf der Aussen-, helle Cremefarbe auf der Innenseite. Der Basiliskenbrunnen, der manchmal auch als «Drachebrünneli» bezeichnet wird, gehört zum Basler Stadtbild wie das Münster und das Spalentor.

Es zeigt den Basilisken mit seinen offenen Drachenflügeln als Basels Wappenhalter. Das Tier ist eine Chimäre, ein Mischwesen – halb Drache, halb Güggel.

Den Basiliskenbrunnen gibt es im brunnenreichen Basel seit 1884. Hier hatte man um 1880 herum begonnen, Serienbrunnen in der Stadt aufzustellen. 13 waren es bis 1883. Doch sie waren alles andere als nach dem Geschmack der Bevölkerung. Also wurde 1884 ein Wettbewerb für «einen einfachen Trottoirbrunnen» ausgeschrieben. Als Gewinner ging Wilhelm Bubeck hervor. Der Direktor der Gewerbeschule konnte die Jury mit seinem gusseisernen Basiliskenbrunnen überzeugen.

Der Brunnen wurde damals folgendermassen beschrieben: «Die Schale steht auf einem urnenförmigen Brunnstock und trägt reiche Bandverzierungen auf Schale und Urne. Am Fuss des Sockels ist ein kleines Hundebecken angebracht. Gehalten wird die Schale von vier Trägern, die auf der Aussenseite Blattornamente tragen und in einem Rollwerk mit Maske enden. Unter dem Trogrand zieht sich ein Fries aus muschelartigen Gebilden durch. Die Bandgirlanden der Schale sind mit Früchten geschmückt. Als Ausguss dient eine schön gearbeitete Basiliskenfigur mit dem Stadtwappen.»

Gegossen wurden die Brunnen aufgrund einer Zeichnung in den Ludwig von Roll'schen Eisenwerken – insgesamt 50 Exemplare.

Heute befinden sich in der Stadt rund 30 dieser Basiliskenbrunnen. Die ersten beiden kamen provisorisch für 38 Jahre auf den Marktplatz. Einige stehen auch ausserhalb von Basel: im deutschen Neuenburg, in Porrentruy, Zürich und im elsässischen Huningue, in Anwil, Wien, Moskau und Shanghai.

Dass der Stadtjäger gerade den Brunnen am Oberen Rheinweg auf der Höhe des Reverenzgässleins auswählt, hat seinen Grund. Entlang dem Kleinbasler Rheinufer blicken alle dort aufgestellten

Basiliskenbrunnen auf den Rhein. Nur dieser eine Brunnen kehrt dem Fluss den Rücken zu. Warum?

Da von dieser Stelle aus die Grossbasler Rheinuferseite mit Rhein, Fähre, Pfalz und Münster ein beliebtes Fotosujet bietet, wollte man den Brunnen entsprechend vorteilhaft in Szene setzen und drehte ihn den Fotografierenden zu.

Lindenberg 1

74 Bei Nacht und Nebel

Es ist ein schmaler Wackensteinspickel, der sich da wie ein Teppich zwischen Lindenberg und Utengasse in leichter Hanglage befindet. Vor vier Jahren, im Herbst 2011, ist das Plätzchen mit seiner damals frisch gepflanzten, jungen Linde eingeweiht worden. Seither hat sich an diesem Ort nichts verändert. Fast nichts. Denn wer die untere Spitze des Platzes genauer unter die Lupe nimmt, entdeckt einen eingelassenen Stein, der zwar kaum auffällt, aber von seinem Umfang her doch auch nicht ganz zu den ihn umgebenden Steinen passen will. Er ist gut doppelt so gross und enthält eine Inschrift. «Heinz Forster 1954–2005», steht da, «die gute Seele der Gasse».

Wer war dieser Mann, der mit 51 Jahren an einem Herzinfarkt gestorben ist und dem dieser in einer Nacht-und-Nebel-Aktion gesetzte Erinnerungsstein gilt? In einer damaligen Todesanzeige der unabhängigen Menschenrechtsorganisation «augenauf» und des Vereins für Gassenarbeit stand: «Unser lieber Freund und Genosse ist gestorben. Wir sind bestürzt und traurig. Sein ganzes Leben lang engagierte sich Heinz gegen polizeiliche Repression und Gewalt und setzte sich für die Rechte von Drogenkonsumierenden und anderen Randgruppen ein. Er hinterlässt eine grosse Lücke.»

Einer, der Heinz Forster sehr gut kannte, ist Klaus Meyer, der von 1985 bis 1995 als Gassenarbeiter beim Verein Schwarzer Peter wirkte und auf dessen Initiative Ende der

1980er-Jahre das inoffizielle Fixerstübli am Lindenberg entstand. «Wir haben den Stein gesetzt», sagt Meyer, «weil es ohne Heinz Forster gar kein Fixerstübli gegeben hätte. Forster war dort so etwas wie der Geschäftsführer – ehrenamtlich.» Heinz Forster hatte als Computerspezialist bei einem Basler Pharmaunternehmen gearbeitet, sich stets für Drogenpolitik interessiert und zu diesem Thema eine der umfangreichsten Dokumentationen weltweit besessen. «Heinz war bei der Entwicklung des Fixerstübli dabei; er war der Vater von allem», erinnert sich Meyer. «Im Fixerstübli hat er so etwas wie seine Berufung gefunden.»

Oberer Rheinweg

75 Ernst und Heiterkeit

Es war sein erster ehrender Erfolg, den er errungen hatte: Bei einer Ausschreibung des staatlichen Basler Kunstkredits erhielt der junge Basler Bildhauer Rudolf Müller (1899–1986) im Jahr 1920 den Auftrag, einen sogenannten Schmuckbrunnen an der Waisenhausmauer am Oberen Rheinweg zu schaffen. Er entledigte sich dieser Aufgabe, indem er einen schlanken, rechteckigen Brunnentrog entwarf, an dessen Wänden sich ein Relief mit tanzenden, nackten Menschen entfaltet. Die stilisierten Figuren sind im Stile des Art déco gemeisselt und erinnern in ihren Bewegungen an den Ausdruckstanz, wie ihn in der damaligen Zeit die Amerikanerin Isadora Duncan prägte.

Während die tanzenden Figuren eine ausgelassen-unbekümmerte Leichtigkeit ausstrahlen, wirkt der über dem Trog platzierte Frauenkopf, aus dessen Mund das Wasser strömt, eher streng. Die «National-Zeitung» schrieb dazu drei Jahrzehnte nach der Errichtung des Brunnens: «Wie das wechselvolle Leben des Künstlers Rudolf Müller, so will auch der Brunnen an der Waisenhausmauer sagen, dass sich unser Menschsein aus Ernst und Frohmut zusammensetzt, dass wir die unbeirrbare, unaufhaltsam dahinrinnende Zeit – symbolisch dargestellt im ernsten, maskenhaften Frauenkopf – auch froh geniessend, unbeschwert geniessen dürfen, damit auch das Leben selbst den beschwingten Rhythmus erhalte, der sich durchs Brunnenrelief zieht.»

Wer war dieser Rudolf Müller? Dass man ihn nicht sehr gut kennt, liegt daran, dass der ehemalige Schüler des stadtbekannten Bildhauers Carl Burckhardt (Schöpfer der «Amazone» bei der Mittleren

Brücke und der grossen Brunnenfiguren «Rhein» und «Wiese» vor dem Badischen Bahnhof) Basel mit 25 Jahren verliess. Dank einem Bundesstipendium ging er nach Castel San Pietro im Tessin, wo ihn Burckhardt mit Künstlern wie Otto Staiger, Albert Müller und Hermann Scherrer bekannt machte. Ein erfolgreicher Weg als Bildhauer schien sich anzubahnen – da wurde er krank. Schwere Asthmaanfälle zwangen ihn, kürzerzutreten.

Auf seiner Suche nach gesundheitlicher Besserung und ausgeglichener Lebensweise lernte er die Reformernährung kennen, zog nach Zürich, eröffnete dort ein Reformhaus, das er während gut zweier Jahrzehnte führte, und gab eine Reformzeitung heraus. Später sollte er ein Kinderheim im Schloss Vallamand am Murtensee leiten und die Zeitschrift «Sonnenseitig leben» herausgeben. Der Bildhauerei blieb er dennoch zeitlebens treu.

Rosentalstrasse 20

76 Versteckt hinter Bananen

Einmal im Jahr herrscht auf der Rosentalanlage exotische Stimmung – dann, wenn der Circus Knie für zwei Wochen das Kiesrund unter den Kastanienbäumen mit seiner Zeltstadt in Beschlag nimmt und tagsüber einen Mini-Zoo mit Zebras, Kamelen und Pferden präsentiert.

Allerdings ist an diesem Ort seit Jahrzehnten das ganze Jahr über Exotisches auch ohne Zirkus erlebbar. Das Eckhaus Rosentalstrasse 20 hält die Überraschung bereit: Zwei afrikanische Figuren, in deren klaren, strengen Linien die Art-déco-Zeit nachklingt, flankieren den Eingang an der Hausecke und tragen gleichzeitig den Erker über ihnen. Mit ihren Händen schieben die beiden «Säulenheiligen» Bananenblätter zur Seite und blicken auf die Strasse. Die kaskadenartigen Bananenrispen unter ihren Köpfen wirken dabei wie Jabots. Geschaffen hat die beiden schwarzen Atlanten der Bildhauer Daniel Johann Hummel; ihm geholfen hat dabei Franz Wilde. Arthur Fehrenbacher ist es zu verdanken, dass diese afrikanischen Plastiken das Haus zieren. Der im Import und Export tätige Eier- und Südfrüchtehändler liess 1929 das Haus bauen und führte im Erdgeschoss einen Laden. Die Reliefs sollten dabei auf seinen Handel mit exotischen Früchten hinweisen.

Schönaustrasse 55

⑦ Heiliger der Jäger

Seine Kleidung ist jener eines Waidmanns aus dem Mittelalter nachempfunden: Über der kapuzenartigen Kopfbedeckung, die vorne offen ist, trägt er einen Jägerhut. Seine Schultern hat er mit einem Umhang geschützt, unter dem ein Rockgewand hervorschaut, das bis weit über die Knie reicht. Die Füsse stecken in hohen Schuhen.

In einer Zeit, da dem Vegetariertum und dem Veganismus vermehrt das Wort gesprochen wird, scheint das Jägerhandwerk nicht mehr so hoch im Kurs zu stehen. Trotzdem existiert es noch in der Stadt Basel – wenigstens namenmässig.

Wo im vorletzten Jahrhundert nur Felder waren und heute die Erlenmattüberbauung mehr und mehr Gestalt annimmt, befindet sich die «Jägerhalle». Das Lokal liegt an der Jägerstrasse, die wiederum die Schönaustrasse kreuzt, und gerade in diesem Schnittpunkt gibt es auch einen Jäger zu entdecken. Er lehnt – über den Köpfen der Passanten – an der Ecke der Liegenschaft Schönaustrasse 55.

Der bärtige Mann steht über einem liegenden Hirsch, den einen Fuss auf das Hinterteil des Tieres gesetzt. Er scheint einen Speer in das Genick des Hirschs gestossen zu haben; anders ist nicht zu verstehen, weshalb das Tier seinen Kopf wie im Schmerz zurückwirft. Doch so genau zu erkennen ist das nicht. Dem Jäger fehlt der rechte Arm, der in seiner Haltung vielleicht zusätzlich Aufschluss hätte geben können über sein eigentliches Handeln. Könnte es also auch sein, dass der Speer gar nicht in den Hirsch gefahren ist, sondern hinter ihm auf dem Boden steht? Und dass der Hirsch in guten Treuen zum Jäger aufblickt?

Die Jäger haben einen Heiligen: den heiligen Hubertus. Seit dem Mittelalter nämlich geht die Legende, dass ein Mann namens Hubertus eines Tages auf der Jagd einem imposanten Hirsch mit einem leuchtenden Kruzifix zwischen seinen Geweihstangen begegnet ist. Seither gilt Hubertus als Schutzpatron der Jagd, der Natur und Umwelt sowie der Schützen und Schützenbruderschaften.

Der heilige Hubertus wird gerne als Jäger dargestellt, der einen Hirsch zu seiner Seite stehen hat. Manchmal aber liegt der Hirsch auch zu seinen Füssen – genau wie an der Schönaustrasse.

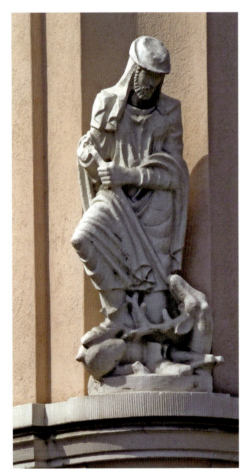

Schwarzwaldallee 215

78 Von Geiern bewacht

Es steht an der Schwarzwaldallee, vis-à-vis des Badischen Bahnhofs, und verschwindet jeweils im Sommer hinter dichtem Laubwerk von Platanen. Nur zur Winterzeit ist die Fassade des viergeschossigen Gebäudes klar sichtbar. Und wer dann genau hinschaut, erkennt ganz oben ein markantes Relief: Drei Initialen – J, R und G – sind von einem lang gezogenen, sechseckigen Rahmen umfasst. Sie nehmen Bezug auf Johann Rudolf Geigy.

Flankiert wird dieses Logo von zwei auf einem schmalen Sims stehenden Greifvögeln. Zunächst mag man an Adler denken, aber es handelt sich um Geier. Denn das Wappen der Familie Geigy zeigt einen auffliegenden silbernen Geier auf einem grünen Dreiberg vor blauem Hintergrund.

Erbauen liess sich die Firma Geigy dieses als Verwaltungsgebäude genutzte Haus in den Jahren 1930/1931. Es bildete, architektonisch gesehen, die Krone der dort zwischen Sandgrubenstrasse, Maulbeerstrasse und Schwarzwaldalle entstandenen Firmengebäude. Gleichzeitig gehört es zu einem inzwischen nicht mehr ganz intakten Häuserensemble, das in einer Linie bis zur Riehenstrasse reicht.

Die Basler Architekten P. & E Vischer haben in Zusammenarbeit mit der Firma dieses Gebäude entworfen und errichtet. Es ist im Stile des modernistischen Klassizismus gebaut, jenem Stil, der in den 1930er-Jahren europaweit typisch war, dann allerdings durch dessen Vereinnahmung durch das Dritte Reich eine Abwertung erfuhr.

Für die Fassadenverkleidung des in Eisenbeton konstruierten Baus verwendeten die

Architekten den gleichen Stein, der auch beim Badischen Bahnhof zum Zuge kam. Doch im Gegensatz zu diesem ist das monumental wirkende Gebäude der Firma Geigy beinahe dekorfrei. Neben dem erwähnten Logo, das links und rechts mit je fünf geometrischen Rosen auf einer Linie steht, sticht einzig das strenge Säulenportal im Parterre hervor. Das Band von Akanthusblättern, das sich unter dem Dachsims entlangzieht, ist so schmal, dass es kaum zu sehen ist.

Inzwischen ist die Firma Geigy schon lange Geschichte. 1970 fusionierte sie mit Ciba und 1996 gingen Ciba-Geigy und Sandoz in der Novartis auf. Heute ist das ehemalige Geigy-Verwaltungsgebäude im Besitz der Firma Syngenta, die im Jahr 2000 aus einer Fusion der Agrarsparten von Novartis und AstraZeneca hervorgegangen ist.

Schwarzwaldallee 200

⑦⑨ Die vier Elemente

Der Badische Bahnhof ist einer der wichtigsten und damit auch pulsierendsten Verkehrsknotenpunkte in Basel. Hier finden Cars, Busse, Trams und Eisenbahn zusammen. Blickfang ist der hohe und von Weitem sichtbare Uhrturm.

Seit 1913 steht hier, an der breiten Schwarzwaldallee, der von Robert Curjel und Karl Moser entworfene Bahnhofsbau. 1900 hatten sich die Grossherzoglich Badische Staatseisenbahnen und die Basler Kantonsbehörden nach jahrelangen Verhandlungen auf eine Verlegung des Badischen Bahnhofs vom Riehenring an den östlichen Stadtrand entschlossen. Es sollte der teuerste Bahnhof der Badischen Staatseisenbahnen werden. Der in verhaltenem Jugendstil gehaltene und aus gelblichem Keupersandstein errichtete Bau ist in vier Teile gegliedert: Ganz rechts steht der Uhrturm, der den ehemaligen Eingang zum Schweizer Bahnhof markiert. Links daran anschliessend folgt im Giebelbau der Haupteingang mit der Schalterhalle, dann das in einem Halbrund vorspringende Bahnhofbuffet, und schliesslich der Fürstentrakt, gedacht zum Empfang des Landesherren und konzipiert in Anspielung an süddeutsche Lustschlösschen des 18. Jahrhunderts.

Bemerkenswert ist der Figurenschmuck über dem Haupteingang. Geschaffen hat die vier auf dorischen Säulen stehenden Statuen Oskar Kiefer, der mit den Architekten Curjel und Moser immer mal wieder zusammengearbeitet hat. Als ob das Gleichstellungsbüro seinen Einfluss geltend gemacht hätte, stehen zwei männliche und zwei weibliche Figuren in klassisch

griechischer Pose vor dem mächtigen Rundbogenfenster. Es handelt sich um allegorische Gestalten, welche die Grundelemente Erde, Wasser, Feuer und Luft darstellen – die vier Elemente auch, die in der Dampflokomotive zusammenfinden. Ganz links entzündet die eine männliche Figur eine Fackel in einer Feuerschale. Dann folgt eine Frauengestalt, die einen Wasserkrug auf der Schulter trägt. Der männlichen Windfigur ist ein Adler als Herrscher der Lüfte zur Seite gestellt und ganz rechts erhebt sich die Mutter Erde mit zwei Kindern. Über diesem Quartett steht unter dem Giebelspitz die Relieffigur des athletischen griechischen Handelsgottes Hermes. Den einen Fuss hat er auf die Weltkugel gesetzt, die Sandalen und der Helm sind mit Flügeln versehen, und in seiner Rechten trägt er als typisches Attribut den geflügelten Hermesstab.

Grenzacherstrasse 542

⑧⓪ Die Mutter aller Basler

Die Schweiz hat als allegorische Figur ihre Helvetia, während Basel als ihre weibliche Repräsentationsperson die Basilea kennt. In der Stadt ist sie an mehreren Orten anzutreffen. Am Museum an der Augustinergasse thront sie als antikisch gekleidete Frau mit Mauerkrone, Füllhorn und Wappenschild im Mittelfries. Im Rathaus findet sich eine auf einer Glasscheibe und ebenfalls in Glas verbleit hängt sie im Kollegiengebäude der Universität.

Eigentlich erscheint die Basilea fast immer dargestellt als leicht entrückte, königlich erhabene Frauengestalt. An der Grenzacherstrasse 542 aber, in unmittelbarer Nähe des Grenzacher Zolls, lächelt uns eine ganz andere Frau entgegen. In einem ärmellosen, weissen Kleid, schwarzer Schürze, schwarzen Strümpfen und hellbraunen Ballerinafinken sitzt sie über der Tür – und strickt.

Zwar steckt auch auf ihrem Kopf eine Mauerkrone, aber sonst ist die Dame alles andere als monarchisch. Eine Hausfrau ist sie, die mit Stricknadeln einen rot-weissen Schal fertigt und mit dem einen Fuss eine Wiege mit Riehener Wappen in Schwung hält, in der ein kleiner Junge fröhlich ein schwarz-weisses Fähnchen schwenkt. Links daneben steht – wie zum väterlichen Schutz dieser Kleinfamilie – ein Pfeife rauchender Bundesweibel.

Die behäbige Kantonsmutter samt eidgenössischem Ehemann hat der Baselbieter

Künstler Otto Plattner 1932 an die Hausfassade gemalt. Das Bild hat durchaus seine tiefere Bedeutung. Denn an dieser Stelle treffen gleich mehrere Grenzen zusammen: die Schweizer Grenze zu Deutschland und damit auch die Basler Kantonsgrenze sowie die Riehener Gemeindegrenze. Dass Otto Plattner hier die Familienharmonie dargestellt hat, ist übrigens nicht ohne Ironie: Das Haus trägt den Namen «Strytgärtli». Doch an der Fassade steht beruhigend geschrieben:

«Däm Hysli do het me-n-als Strytgärtli gsait,
s Gärtli isch blibe, dr Stryt isch verheyt.»

Dank

Dass dieses Buch entstehen konnte, ist in erster Linie dem Friedrich Reinhardt Verlag zu verdanken, der die Idee dieses Bandes mit Freude aufgenommen und umgesetzt hat. Weiter zu danken ist Yvonne Sandoz von der Basler Denkmalpflege. Sie hat auf – manchmal kurzfristige – Anfragen des Autors stets schnell und unkompliziert äusserst hilfreiche Informationen geliefert. Und nicht zuletzt gilt es, der «Basler Zeitung» Danke zu sagen, weil sie es ermöglicht, diese Kolumne bis heute hochzuhalten.

Autor

Dominik Heitz, 1957 in Riehen geboren, hat an der Universität Basel Germanistik, Geschichte und Englisch studiert und mit dem Lizenziat abgeschlossen. Er arbeitet als Redaktor bei der «Basler Zeitung» und widmet sich dort vor allem lokalhistorischen und kulturellen Themen.

Spaziergänge mit dem Friedrich Reinhardt Verlag

Helen Liebendörfer
Spaziergänge in Basel für Touristen und Einheimische
Die beschriebenen Spaziergänge sind für Touristen, welche die Stadt zum ersten Mal besuchen, genauso interessant wie für Personen, die schon lange in der Stadt leben.

84 Seiten, 2000
4. Auflage 2006
mit neun farbigen Abb. und Stadtplan
kartoniert
CHF 19.80
ISBN 978-3-7245-1145-8

Helen Liebendörfer
Spaziergänge zu Malern, Dichtern und Musikern in Basel
Dieses handliche Buch führt auf verschiedenen Spaziergängen zu berühmten Malern, Dichtern und Musikern, die in Basel aufgewachsen sind oder in der Stadt zu Besuch weilten.

123 Seiten, 2000
2. Auflage 2004
mit 12 farbigen Abb. und Stadtplan
kartoniert
CHF 19.80
ISBN 978-3-7245-1110-6

Spaziergänge mit dem Friedrich Reinhardt Verlag

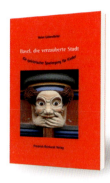

Helen Liebendörfer
Basel, die verzauberte Stadt
Ein spielerischer Spaziergang für Kinder
Auf einem Spaziergang durch die Stadt können die Kinder aktiv ins Geschehen miteingebunden werden.
Für Kinder zwischen fünf und zehn Jahren.

48 Seiten, 2006
mit 21 Farbfotos und Stadtplan
Hardcover
CHF 19.80
ISBN 978-3-7245-1380-3

Helen Liebendörfer
Spaziergang in Basel mit Johann Peter Hebel
Mit viel Gespür für Details führt Helen Liebendörfer den Leser auf die Spuren des grossen Dichters: vom Totentanz zur Petersgasse, vorbei an der Mittleren Brücke und hoch zum Münsterplatz.

65 Seiten, 2010
kartoniert
CHF 19.80
ISBN 978-3-7245-1660-6

Spaziergänge mit dem Friedrich Reinhardt Verlag

Helen Liebendörfer
Spaziergang zu berühmten Gästen in Basel
Die Stadtführerin nimmt die Leserinnen und Leser zu berühmten Gästen in Basel mit – von Kaiser Heinrich II., Paracelsus, Faust und Napoleons Gemahlin Marie-Louise bis hin zu Dostojewski und Gustav Adolf von Schweden.

100 Seiten, 2011
farbig bebildert
kartoniert
CHF 19.80
ISBN 978-3-7245-1704-7

Helen Liebendörfer
Spaziergang mit Hermann Hesse durch Basel
Hermann Hesse verbrachte über zehn Jahre in Basel. Als Kind, als junger Mann und schliesslich auch durch seine beiden ersten Frauen waren die Beziehungen zu Basel sehr eng. Wandeln Sie auf den Spuren von Hermann Hesse und suchen Sie einige Wohn- und Wirkungsstätten auf. Zahlreiche Zitate aus Briefen und Werken runden das Bild ab.

80 Seiten, 2012
kartoniert
CHF 19.80
ISBN 978-3-7245-1793-1
Daniel Zahno

Wanderführer im Friedrich Reinhardt Verlag

Daniel Zahno
Wanderverführer
*Die schönsten Touren rund um Basel,
Band 1*
Haben Sie Lust, schöne Orte rund um Basel zu entdecken? Daniel Zahno nimmt Sie mit auf verführerische Touren im Jura, im Schwarzwald und in den Vogesen.
Es locken wilde Schluchten, mächtige Wasserfälle, schmale Kreten, verträumte Flussläufe und idyllische Seen. Auf wenig begangenen Pfaden führt der Schriftsteller sprachgewandt zu Kostbarkeiten in malerischen Landstrichen, zum bezaubernden Blumenmeer auf der Geissflue oder zum magischen Indian Summer am Doubs. Dieser schöne und reich bebilderte Band versammelt abenteuerliche Streifzüge und gemütliche Wanderungen – Genuss pur und eine Freude für jedes Entdeckerherz.

120 Seiten
kartoniert
CHF 29.80
ISBN 978-3-7245-2049-8

Wanderführer im Friedrich Reinhardt Verlag

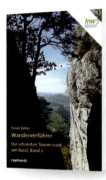

Daniel Zahno
Wanderverführer
Die schönsten Touren rund um Basel, Band 2
Entdecken Sie zauberhafte Orte rund um Basel. Nach dem grossen Erfolg von Daniel Zahnos erstem «Wanderverführer» folgt nun der zweite Band: wieder mit 25 herrlichen Wanderungen zu zauberhaften Orten in der Nordwestschweiz, die mit öffentlichen Verkehrsmitteln gut zu erreichen sind. Es locken wilde Schluchten, einsame Gipfel, lauschige Plätzchen, verträumte Flussläufe und vergessene Täler. Auf stillen Pfaden führt der Schriftsteller sprachgewandt zu Kostbarkeiten in malerischen Landstrichen, zum atemberaubenden Panorama auf die Hohe Winde oder zum jahrhundertealten Eichenhain beim idyllischen Schloss Wildenstein. Auch dieser zweite Band ist reich bebildert und lässt Ihr Wanderherz höher schlagen.

124 Seiten
kartoniert
CHF 29.80
ISBN 978-3-7245-2114-3

Die Bücher sind im Buchhandel oder unter www.reinhardt.ch erhältlich.